VOLLE PFANNE!
COOLER KOCHEN MIT BEN

Verlag Friedrich Oetinger · Hamburg

Originalausgabe
1. Auflage 2013
© Verlag Friedrich Oetinger GmbH, Hamburg 2013
Alle Rechte vorbehalten
© Text: Ben Blümel
© Fotos: Jörg Kowalski;
S. 24 Liv Friis-larsen / fotolia.com; S. 52 mates / fotolia.com;
S. 55 HL Photo / shutterstock.com; S. 66 Darius Dzinnik / fotolia.com;
S. 124 Olga Miltsova / shutterstock.com; S. 125 oben, atostogos13 / fotolia.com;
S. 125 unten, daraka / shutterstock.com
© Umschlag und Gestaltung: Formhelden, Hamburg
© Illustrationen: Olav Marahrens
Druck und Bindung: UAB Balto Print, Vilnius
ISBN 978-3-7891-8556-4

www.oetinger.de

Inhalt

I.	AN DIE KOCHLÖFFEL, FERTIG, LOS!	10
II.	DAS KÜCHEN-ABC	14

III. BASICS — 18

- Selbst gemachte Kräuteröle — 19
- Fluffiger Hefeteig — 22
- Pfannkuchenteig — 24
- Gemüsebrühe — 25
- Erste-Sahne-Kartoffelbrei — 26

IV. LECKER FRÜHSTÜCK — 28

- Fruchtschnitte — 29
- Schoko-Bananen-Joghurt mit Studifutter — 30
- Feigen-Honig-Granatapfel-Joghurt — 32
- Mango-Pfirsich-Maracuja-Joghurt — 33
- Papaya-Brombeer-Joghurt — 34
- Kunterbunter Obstsalat — 37
- BENs berüchtigte Brotaufstriche — 38
- Sonntagsbrötchen — 41

V. KNACKIGE SALATE UND SALATSOSSEN — 42

Soße à la Mama — 43

Die schnellste Salatsoße der Welt — 44

Kartoffel-Speck-Soße — 44

Asiasoße — 45

Lauchsalat Schnick-Schnack-Schnuck — 46

Granatapfelmäßiger Feldsalat — 48

Fix gemixter Salat — 50

Schneewittchen-Salat — 51

Brotsalat — 52

Möhrchen-Apfel-Salat — 53

Ziegenkäse-Spinat-Salat — 54

Original Berliner Kartoffelsalat — 55

Pfannkuchensalat — 56

VI. IT'S BURGERTIME! — 58

Hallo München!-Burger — 59

Boom-Boom-Chicken-Burger — 60

Lieblingsburger — 62

Käpt'n BENs Fischstäbchenbaguette — 64

Veggie-Burger — 66

Feta-Burger — 67

VII. PASTA — 68

Pasta-Kochtipps	69
BENs Bolognese Bollo-Bollo	70
Grillgemüse-Feta-Fusilli	72
Lachsnudeln de luxe	73
Hühnchen-Paprika-Pasta	74
Popeyes Nudeln	76
Pasta à la Bruschetta mit Hühnchen	77
Nudeln mit Tomatensoße und Minutensteak	78
Spaghetti Ahoi!	79

VIII. SUPER SNACKS — 80

BENs Bruschetta	81
Veggie-Sandwich	82
Pfannen-Sandwich	84
Toast Benedict	85
Knuspriger Mozzarella-Schinken-Toast	86
Gurkenschiffchen	87
Dip dich glücklich!	88
Rosmarinkartoffeln	89
Kräuterbratkartoffeln	90
Vitaminbombe Süßkartoffel	92
Pfannkuchensuppe mit Minibouletten	94
Radieschen-Pfannkuchen mit Kräuterquark	96
Ofenfenchel	97

IX. HERZHAFT! — 98

- Pfannkuchentorte — 99
- Pizzabrot Little Italy — 100
- Fischstäbchen mit Gurkendip — 102
- BENs Lieblingseintopf — 104
- Kürbissuppen-Knaller — 106
- Muddis Kartoffelsuppe — 108
- Kartoffelbreitaler mit Tomatensalat — 110
- Kartoffelgratin — 112
- Rosmarinkartoffeln mit Würstchen und Lauchgemüse — 114
- Kartoffel-Fenchel-Schmaus — 116
- Rumpsteaks mit Kartoffel-Zucchini-Puffer — 117

X. SÜSS UND GLÜCKLICH — 118

- Schokobombentraum — 119
- Brausekuchenhit — 122
- Blaubeermuffins — 123
- Schokoladentörtchen — 124
- Bananen-Schoko-Pfannkuchen — 125
- Erste-Sahne-Waffeln — 125
- Süße Überraschung — 126
- Nachwort — 127

An die Kochlöffel, fertig, los!

Steht ihr auch manchmal mit einem Mordshunger vor dem Kühlschrank und wisst nicht, was ihr essen sollt? Ihr habt keine Lust auf noch 'ne Stulle, und es ist auch keiner in der Nähe, der für euch den Kochlöffel schwingt?
Stopp! Jetzt keine Fertigpizza in den Ofen schieben! Denn wusstet ihr schon, dass ihr euch genauso schnell alleine eine hammerleckere Mahlzeit brutzeln könnt? Glaubt mir, mit ein bisschen Übung braucht ihr für einen knusprigen Mozzarella-Schinken-Toast oder ein paar fluffige Pfannkuchen nicht länger als 20 Minuten. Es gibt ein paar Tricks und Tipps, die es total einfach machen, sich gesund und ganz besonders lecker zu ernähren. Ich zeig sie euch!

Angefangen beim Frühstück: Klar ist es erst mal nicht so verlockend, morgens früh aufzustehen, aber mit einem Loch im Bauch zur Schule zu trotten macht noch viel weniger Spaß! Wie wär's mit 'ner süßen Fruchtschnitte oder einem Schoko-Bananen-Joghurt? Und wenn ihr schon in der Küche seid, bereitet euch doch gleich noch einen leckeren Pausensnack zu. Ich fand meine oft ziemlich unspannend, denn irgendwie schmecken sie doch jeden Tag gleich. Aber dann kam ich auf den Trichter, mir selbst phantasievollere Snacks auszudenken ... Labbrige Brotscheiben oder Apfelschnitze aus der Plastikbox sind echt langweilig, wenn man stattdessen ein super-leckeres Sandwich mit Tomaten-Frühlingszwiebel-Aufstrich oder einen Pfannkuchensalat aus der Tasche holen könnte, oder?

Ihr kommt mit Heißhunger aus der Schule? Ich weiß, dann muss es schnell gehen, sonst fällt es doppelt schwer, den Pommes- und Dönerbuden dieser Welt zu widerstehen. Wie wär's mit einem krossen Bruschetta-Baguette, Hähnchen-Paprika-Pasta oder Rosmarinkartoffeln? Und nachmittags versüßt ihr euch das Lernen mit einem Blaubeermuffin ... Oder ihr stellt euch abends hinters Ceranfeld und kocht gemeinsam mit euren Freunden ein tolles Dinner, überrascht eure Eltern mit einem leckeren Abendessen, verwöhnt euer Date mit feiner Lachs-Pasta, Kürbissuppe, Kartoffelgratin-Törtchen oder, oder, oder ... Mmmhh, mir läuft jetzt schon das Wasser im Mund zusammen!

Doch bestimmt habt ihr auch ganz eigene Ideen und Gelüste ... Wenn ihr einmal mit dem Kochen angefangen habt, könnt ihr meine Gerichte ganz nach Lust und Laune kombinieren und verändern. Checkt beim Einkaufen die Regale nach außergewöhnlichen Zutaten, die gar nicht unbedingt teurer sein müssen! Es ist total spannend, herauszufinden, was einem besonders gut schmeckt.

Ich wünsche mir, dass euch dieses Buch nicht nur dabei hilft, ein paar richtig leckere Mahlzeiten zuzubereiten, sondern euch vor allen Dingen neugierig macht auf eine der gemütlichsten und gleichzeitig wichtigsten Sachen der Welt:

ESSEN!

Und weil glücklicherweise kein Tag ohne Essen vergeht, sollte es auf jeden Fall richtig lecker schmecken und jede Menge Spaß machen! Aus diesem Grund hab ich die coolsten Rezepte für euch ausprobiert und aufgeschrieben. Also: An die Kochlöffel, fertig, los!

MAHLZEIT!

Schule, Hobbys, Freunde, Lernen ... Bestimmt seid ihr den ganzen Tag eingespannt und total viel unterwegs. Deswegen könnt ihr in meinem Kochbuch auf den ersten Blick erkennen, wie viel Zeit ihr für die Gerichte ungefähr einplanen müsst.

15	Snacks von der besonders schnellen Sorte
30	In 30 Minuten verzehrfertig
45	45 Minuten-Kochaktion
60	Plant besser eine ganze Stunde ein

VOM ANFÄNGER ZUM 3-CAPS-KOCH

An den Caps könnt ihr sehen, welchen Schwierigkeitsgrad die Gerichte haben. Viele meiner Rezepte sind ganz einfach, für manche braucht ihr aber schon etwas Kocherfahrung.

🧢	Für Kochanfänger geeignet
🧢🧢	Ein paar Basics solltet ihr draufhaben, dann kocht ihr das mit links ...
🧢🧢🧢	Profiköche, vor! (Mit ein wenig Übung klappen auch diese Gerichte wunderbar.)

Das Küchen-Abc

Für mich ist Kochen eine der tollsten Sachen der Welt. So richtig Spaß macht es aber nur, wenn man die passende Ausrüstung parat hat. Zum Beispiel ist mit scharfen Messern sogar Schnippeln ein Vergnügen! (... Schon mal 'ne Karotte wie Butter geschnitten? Danach gebt ihr euer Messer so schnell nicht wieder aus der Hand!) Komischerweise ist das Schneiden mit scharfen Klingen auch viel sicherer als mit stumpfen. Denn damit rutscht man viel leichter ab ... Es gibt also ein paar Dinge, auf die ihr in eurer Küche achten solltet, damit Kochen nicht nur spaßig, sondern zugleich auch sicher ist. Werft doch mal einen Blick in mein Küchen-Abc.

Auflaufformen: Passt auf, dass beschichtete (graue) Formen nicht zerkratzt sind. Wenn ja, besser schnell 'ne neue kaufen, denn der Abrieb ist giftig.

Bretter: Schneidebretter sind entscheidend für eure Sicherheit. Achtet also darauf, dass ihr ebene Holzbretter benutzt, die gut auf der Arbeitsplatte aufliegen, und keine krummen Gurken ... Vorsicht: Fleisch darf niemals auf Holz geschnitten werden, da die Bakterien in die Schnittflächen eindringen. Nehmt der Hygiene wegen lieber ein Plastikbrett. Wer Angst hat, dass das Brett rutscht, kann ein feuchtes Tuch oder einen Lappen zwischen Brett und Arbeitsplatte legen, und alles sitzt wie 'ne Eins!

Chili: Brutal wichtig für mich, da ich gerne scharf esse. Ich empfehle euch grobes Chilipulver zum Würzen. Mein Tipp: Auf einem Faden aufgefädelte getrocknete Chilischoten sind eine tolle Deko.

Dunstabzugshaube: Die ist in fast jeder Küche zu finden. Wenn ihr öfters kocht, solltet ihr ab und zu den Filter rausnehmen und in die Spülmaschine packen, sonst kann es irgendwann sehr unangenehm schnuppern. (Natürlich gilt das nicht bei Abzugshauben mit Kohlefiltern, die müsst ihr ersetzen.)

Eier: Egal ob morgens, mittags oder abends – ein Spiegelei geht immer! Außerdem werden für viele Gerichte Eier benötigt. Daher empfehle ich euch, immer einen 6er-Pack Eier im Kühlschrank zu horten.

Frischhaltefolie: Ob ihr zu viel gekocht habt oder einzelne Zutaten geruchsfrei im Kühlschrank oder in der Küche aufbewahren wollt – an Frischhaltefolie kommt ihr einfach nicht vorbei. Außerdem könnt ihr eure Pausenbrote darin verpacken.

Gummihandschuhe: Um frische Rote Bete zuzubereiten oder einen riesigen Abwaschberg abzuspülen, sind Gummihandschuhe einfach das Allerbeste. Mein Tipp: Holt euch 'ne Packung Einmalhandschuhe. Auch wenn ihr euch mal geschnitten habt (was hoffentlich niemals vorkommt), ist man mit einem Handschuh über der verarzteten Hand (siehe unter V) auf der sicheren Seite.

Hobel: Küchenreiben und Hobel sind besonders für Pastagerichte mit Parmesankäse, aber auch für frische Salate, wie zum Beispiel Möhrensalat, ein absolutes Muss. Es gibt Hobel mit unterschiedlichen Reibeflächen an jeder Seite. So spart man Platz in den Küchenschubladen.

Iiiiiiiihhh: ... gibt es ab heute nicht mehr!! Dieser Buchstabe fällt einfach unter den Tisch.

Joghurtgläser: ... sind viel zu schade zum Wegschmeißen! In den ausgewaschenen Gläsern könnt ihr wunderbar übrig gebliebenes Essen aufbewahren, Snacks mit in die Schule nehmen oder eine Salatsoße mixen!

Küchenrolle: Egal, ob ihr gekleckert habt oder gerade kein Küchentuch zur Hand habt: Eine Küchenrolle ist immer praktisch. Also hier ausnahmsweise mal keine Angst vor Papierverschwendung, denn ihr werdet sie oft brauchen!

Kräuter: Am besten kauft ihr viele frische Kräuter und friert sie in Alufolie ein, dann habt ihr immer welche im Haus!

Licht: Macht euch bloß das Licht in der Küche an! Am besten so hell wie nur irgendwie möglich. Im Dunkeln zu schnippeln, ist gefährlich. Zudem ist es nervig, wenn das Essen im dunklen Topf verschwindet. Also, Licht an, Nasen und Augen auf!

Messer: Messer müssen scharf sein! Denn wie schon gesagt, sind stumpfe Messer viel gefährlicher als scharfe. Die meisten billigen Messer stumpfen schnell ab und müssen spätestens nach ein bis zwei Jahren weggeschmissen werden. Also nehmt besser einen Euro mehr in die Hand und seid dafür umso länger gut gerüstet.

N

Nudelholz: Es ist voll old school, aber auch voll praktisch! Also ja nicht als Brennholz missbrauchen, denn das gute alte Nudelholz von Oma ist meistens das beste!

Öle: Öle wirken sich so entscheidend auf das Aroma und den Geschmack eures Essens aus, dass ich euch ein paar Rezepte für selbst gemachte Kräuteröle in dieses Buch geschrieben habe.

Pfanne: Ob beschichtet oder nicht, 'ne gute Pfanne ist Pflicht! Für viele Gerichte braucht ihr dann auch keinen Topf mehr.

Quiche- bzw. Pizzableche: Eine flache Form für Quiches, Pizzen, Flammkuchen und alles, was sonst noch in den Ofen kommt und kein Auflauf ist, solltet ihr auf jeden Fall im Schrank haben.

Rührmaschine: Die gute alte Küchenmaschine ist der Bringer für Teig und Cremes aller Art. Sie ist immer noch die absolute Nummer eins – da hilft auch kein Zauberstab!

Salz: Salz, Salz, Salz ... darf an kaum einem Gericht fehlen! Also packt beim nächsten Einkauf 'ne Packung grobes Meersalz, Kochsalz oder Salzflocken in den Wagen, und ihr seid ein Jahr lang gerüstet. Vorsicht: Gewürzte Salze von irgendwelchen Chefkochs sind meist völlig übertouert.

T

Toaster: Wenn ihr keinen habt, dann wünscht euch einen zum Geburtstag. Toasts sind sooooo lecker und sooooo schnell gemacht. Einfach der Hammer, wenn altes Brot plötzlich wieder schön knusprig schmeckt!

U: Ihr braucht kein „U" in der Küche, denn Küche wird mit „Ü" geschrieben ...

V

Verbandszeug: Sicher ist sicher, habt einfach immer was griffbereit, dann kann euch so schnell nichts passieren. Bei kleinen Schnittwunden tut's auch ein Pflaster.

W

Waffeleisen: Das perfekte Waffelteigrezept findet ihr in diesem Buch. Immer wieder ein Hit, diese warmen Dinger!

X

Wie heißt das Wort mit X? NIX!

Y

YO, jetzt haben wir alles außer ...

Z

Zwiebeln: lecker und immer zu gebrauchen. Zwiebeln sind die echten Scharfmacher, Schalotten sind kleiner und milder. Tipp: Nehmt beim Schneiden Wasser in den Mund und haltet kurz die Luft an. Das klingt komisch, aber so müsst ihr beim Schneiden und Schälen nicht heulen und könnt weiter den Chefkoch markieren!

BASICS

Es gibt ein paar Basic-Zutaten und -Beilagen, die in meinen Gerichten immer wieder auftauchen. Ganz einfach, weil sie immer wieder lecker schmecken: fluffiger Hefeteig für Pizza und Brötchen, cremiger Kartoffelbrei, knusprige Pfannkuchen und würzige Kräuteröle, die so richtig Feuer geben. Mit diesen Rezepten seid ihr gut gerüstet!

SELBST GEMACHTE KRÄUTERÖLE

Kräuteröle kann man einfach selber machen. Sie sind echte Knaller als Geschenke zum Geburtstag, zu Weihnachten oder einfach so als Mitbringsel. Denn sie sehen nicht nur toll aus, sie schmecken auch noch genial. Und einmal gemacht, sind sie richtig lange haltbar.

IHR BRAUCHT:
Glasflaschen oder alte Marmeladengläser ▪ Verschiedene Kräuterzweige wie Rosmarin, Thymian oder Oregano (frisch oder getrocknet) ▪ Knoblauchzehen ▪ Chilischoten (frisch oder getrocknet) ▪ Speiseöl wie Oliven- oder Sonnenblumenöl (Sonnenblumenöl ist neutraler im Geschmack, mein Favorit ist Olivenöl!)

> **Tipp**
> Es gibt auch richtig gute Olivenöle im Supermarkt in den unteren Regalreihen. Es muss nicht immer das teuerste sein!

KNOBLAUCH-CHILI-ÖL

1 Liter Olivenöl
5 Knoblauchzehen
3 Zweige Rosmarin
2 Zweige Thymian
1–2 ganze Chilischoten

1. Die frischen Kräuterzweige gut abwaschen und dann trocknen, eventuell mit dem Föhn. Wichtig: Die Kräuter müssen ganz und gar trocken sein, sonst schimmeln sie nach kurzer Zeit, und euer Öl schmeckt nicht mehr!

2. Die frischen Chilis halbieren, entkernen, waschen und abtrocknen. Achtung: Passt dabei auf, nicht mit den Fingern in die Augen zu kommen, sonst brennt es wie Feuer! Anschließend die Hände waschen. Nun die Knoblauchzehen schälen. Danach könnt ihr die Kräuter in die Gläser verteilen, den Knoblauch hinzugeben und das Ganze mit Öl auffüllen. Je länger das Öl zieht, desto kräftiger schmeckt es.

> **Tipp**
> Knoblauch-Chili-Öl eignet sich zum Würzen und Verfeinern von kurz gebratenem Fleisch, Tomatensalat, Paprika-, Zucchini- oder Gurkengemüse.

PEPERONIÖL

1 Liter Speise- oder Olivenöl
10 Knoblauchzehen
2 rote Peperonischoten
(frisch oder getrocknet)

Die Knoblauchzehen schälen und dann in eine schöne Flasche geben. Die Peperonischoten waschen, trocknen, halbieren, entkernen, ebenfalls in die Flasche geben und mit Öl aufgießen.

Tipp
Peperoniöl würzt geröstete Baguettescheiben, Salatsoßen, Spinat, gegrilltes Fleisch und Fisch. Aber Vorsicht, es ist sehr scharf, immer nur teelöffelweise verwenden!

BASILIKUMÖL

1 Liter Olivenöl
1 Handvoll frische Basilikumblätter

Die Basilikumblätter und -stiele waschen und gut trocknen! Das Basilikum danach in Flaschen geben und Öl darübergießen, bis die Stiele und Blätter ganz bedeckt sind.

Tipp
Würziges Basilikumöl ist genial für alle italienischen Gerichte. Besonders lecker zu Mozzarella und Tomaten oder Spaghetti.

Tipp
Alle frischen Zutaten müssen komplett mit Öl bedeckt sein, sonst fangen sie schnell an zu schimmeln. Die Flaschen also immer schön mit frischem Öl auffüllen!

FLUFFIGER HEFETEIG

TEIGMENGE FÜR 1 PIZZABLECH,
2 BAGUETTES ODER 12–15 BRÖTCHEN

1 kg Mehl, Typ 550
625 ml lauwarmes Wasser
30 g frische Hefe oder 3 Päckchen (je 7 g) Trockenhefe
2 EL Zucker
2 gestrichene EL Meersalz

1. Häuft das Mehl auf der Arbeitsfläche zu einer kleinen „Mehlburg" und drückt in die Mitte eine große Vertiefung. Die Hälfte des Wassers in das entstandene Loch gießen, Hefe, Zucker und Salz dazugeben und mit einer Gabel verrühren. Nun müsst ihr diesen „Vorteig" 15 Minuten gehen lassen, damit die Hefe richtig Power bekommt!

2. Das Mehl dann von den Innenseiten der Vertiefung nach und nach einarbeiten. (Die „Mehlwände" sollten dabei nicht zerstört werden, da das Wasser sonst in alle Richtungen ausläuft.) Also Voooorsicht und haltet am besten ein Tuch oder Küchenkrepp bereit, bis die Mischung eine zähe, breiige Konsistenz hat. Dann das restliche Wasser gaaanz langsam dazugießen. Alles schön durchkneten, bis die Masse wieder zäh geworden ist. Jetzt können auch die „Wände" in die Mischung eingearbeitet werden, bis sie nicht mehr klebt. Bestäubt eure Hände mit Mehl und schlagt und drückt den Teig zusammen. Bei manchen Mehlsorten ist mehr oder weniger Wasser nötig, die Menge muss also entsprechend angepasst werden.

3. Jetzt geht's ans Kneten: Hier ist „Armschmalz" gefragt, und ihr könnt mal so richtig Stress ablassen! 4 bis 5 Minuten lang muss der Teig immer wieder gedrückt, gefaltet, geschlagen und gerollt werden, bis er seidig glänzt und so richtig, richtig samtweich ist. Den Teig dann mit Mehl bestäuben, in eine Schüssel legen, mit Frischhaltefolie bedecken und etwa 30 Minuten aufgehen lassen, bis er doppelt so groß ist wie vorher. Das grenzt an Zauberei!

Tipp

Die Schüssel sollte an einen warmen Ort (auf die Heizung oder in die Sonne) gestellt werden.

4. Nachdem sich der Teig gewaltig aufgeblasen hat, müsst ihr etwa 2 Minuten lang die Luft herausschlagen, indem ihr ihn auf die Arbeitsplatte werft und zusammendrückt. Jetzt könnt ihr den Teig so formen und würzen, wie ihr ihn später zum Befüllen, auf dem Blech Backen oder zu was auch immer haben wollt. (Auf S. 41 und S. 100 findet ihr Spitzen-Hefeteig-Rezepte). Danach lasst ihn ein zweites Mal etwa 30 Minuten gehen, bis er sich wieder um das Doppelte aufgeplustert hat. Dies ist der wichtigste Teil (also niemals auslassen!): Beim zweiten Aufgehen nimmt der Teig die Luft auf, die später eingebacken wird. Deswegen schmeckt er auch so wunderbar fluffig!

PFANNKUCHENTEIG

4 PORTIONEN

350 g Weizenmehl, Typ 405
6 Eier
½ l Milch
80 g Butter/Margarine
1 Prise Salz

1 Die Eier auf der Kante einer Rührschüssel aufschlagen und in die Schüssel geben. Die Butter oder Margarine unterrühren und mit dem Rührgerät so richtig schön schaumig schlagen. Gießt dann nach und nach die Milch dazu. Jetzt eine Prise Salz und das Mehl einrühren, bis ein glatter Teig entsteht. Ich selbst mach' nie Zucker an den Teig, so kann ich ihn für salzige und süße Gerichte nehmen. Und nun ab in die Pfanne damit!

2 Wusstet ihr schon, wie ihr herausfinden könnt, ob ein Ei frisch ist? Das geht ganz einfach: Legt das Ei in ein Glas Wasser. Ein frisches Ei sinkt direkt zu Boden und legt sich dort auf die Seite. Wenn es 7 Tage oder älter ist, steigt das stumpfe Ende etwas nach oben. Ist das Ei 2 bis 3 Wochen alt, stellt es sich im Wasser mit dem stumpfen Ende nach oben auf. Fängt es an zu schwimmen, solltet ihr lieber die Finger von dem Ding lassen. Denn dann ist es so richtig oll!
Warum das so ist? Nach ein paar Tagen bildet sich am stumpfen Ende vom Ei eine Luftblase, die das Ei im Wasser mehr und mehr nach oben treiben lässt. Länger als 3 Wochen sollte man Eier nicht aufheben, sonst könnte es ein böses Ende geben!

Tipp

Wenn ihr megafluffige Pfannkuchen backen wollt, könnt ihr die Eier trennen, das Eiweiß steif schlagen und zum Schluss vorsichtig unter den Teig rühren. Diese Pfannkuchenvariante lässt sich nach dem Backen allerdings schlecht aufrollen. Wenn ihr eher auf Crêpes, also hauchdünne Pfannkuchen, steht, nehmt statt 6 Eiern einfach nur eins.

GEMÜSEBRÜHE

Tipp

Falls ihr beim Kochen Gemüse schnippelt, könnt ihr auch einfach die ganzen Schalen aufbewahren und daraus eine Gemüsebrühe kochen. Nur Kartoffel- und Rote-Bete-Schalen eignen sich nicht.

6 PORTIONEN

- 2 l Wasser
- 200 g Karotten
- 2 Stangen Lauch
- 100 g Knollensellerie
- 1 Knoblauchzehe
- 1 Bund Petersilie
- 2 Nelken
- 2 Lorbeerblätter
- 10 Pfefferkörner
- 1 EL Olivenöl
- Salz

Tipp

Tiefgefroren hält sich die Brühe gut 6 Monate.

1 Zuerst müsst ihr das Gemüse gut waschen. Wenn ihr Biogemüse nehmt, könnt ihr euch das Schälen sparen. Schneidet den Lauch, die Karotten und den Sellerie in grobe Würfel und die Zwiebeln und den Knoblauch (mit Schale) in kleine Stückchen. Bratet alle Zutaten in einem großen Topf mit heißem Öl kurz an. Die Petersilie ebenfalls waschen und grob geschnitten mit dazugeben, jetzt alles schön gemütlich anschmurgeln lassen.

2 Nach ein paar Minuten 2 l Wasser auf das Gemüse gießen und das Ganze kurz aufkochen lassen. Nun die Hitze wieder zurückschalten und den Schaum mit einer Kelle abschöpfen. Bildet sich kein Schaum mehr, kommen Pfeffer, Nelken und Lorbeerblätter und circa zwei Prisen Salz in den Topf. Nun müsst ihr den Schmaus mindestens eine Stunde leise köcheln lassen. Anschließend die Brühe vorsichtig durch ein Sieb in einen anderen Topf abgießen. Wenn ihr wollt, könnt ihr sie dann auf kleinster Stufe noch etwas einkochen lassen. Dafür nehmt ihr den Deckel vom Topf, so kann die Flüssigkeit etwas verdampfen. (Vornehm nennt man das „Reduzieren", dann schmeckt die Brühe kräftiger.) Wenn ihr das alles geschafft habt, seid ihr schon abgebrühte Küchen-Profis!

3 Die heiße Brühe in Einmachgläser füllen und gut verschließen. Gemüsebrühe hält sich verschlossen und gekühlt circa 2 bis 3 Wochen. Nach dem Öffnen solltet ihr sie jedoch relativ zügig verbrauchen.

ERSTE-SAHNE-KARTOFFELBREI

Ich liebe Kartoffelbrei! Mir läuft schon das Wasser im Mund zusammen, wenn ich nur daran denke ... Außerdem lässt er sich wunderbar mit den verschiedensten Dingen kombinieren. Doch kein Fertigbrei aus der Tüte kann mit Brei aus frischen Knollen mithalten – deshalb liefere ich euch nun das perfekte Püreerezept: Es ist weder schwer, noch kosten die Zutaten viel. Dies ist also der Start in eine neue Kartoffelbrei-Ära!

2 PORTIONEN

6 Kartoffeln, etwa 400 g von der mehlig kochenden Sorte (das ist seeeeehr wichtig!)
3 EL Butter
150 ml Milch oder süße Sahne
1 Messerspitze Muskatnuss
1 Stange Staudensellerie
Salz

1 Zuerst die Kartoffeln schälen und in Würfel schneiden, in einen Topf geben, mit Wasser bedecken, salzen und zum Kochen bringen. Wenn die Kartoffeln nach circa 20 Minuten gar sind, das Wasser vorsichtig abgießen. Vorsicht, verbrennt euch nicht an dem heißen Wasserdampf! Stellt den Topf zurück auf die noch warme, abgeschaltete Herdplatte. Jetzt kommen Butter, Salz, Muskatnuss und Milch oder Sahne zum Einsatz. Mit dem Kartoffelstampfer wird gemanscht, bis die Kartoffeln Brei sind.

2 Nun den Staudensellerie gut abwaschen und in feine Ringe schneiden, dann mischt ihr das leckere Grün unter den warmen Kartoffelbrei – fertig. Sooo lecker und sooo leicht zu machen!

Tipp

Ihr könnt die Kartoffelstückchen auch direkt in der Sahne kochen. Füllt dann noch so viel Wasser nach, bis die Kartoffeln komplett bedeckt sind. Wenn sie gar sind, spart ihr euch das Abgießen und stampft direkt drauflos.

LECKER FRÜHSTÜCK

Guten Moooorgen! Logisch hat man Lust, so lange zu schlafen, wie es nur geht. Doch wenn ihr morgens mit einem Loch im Bauch aufwacht, solltet ihr euch unbedingt ein leckeres und gesundes Frühstück gönnen. Warum gesund? Weil fettige Frühstückssnacks zwar meist verboten gut schmecken, dabei aber so schwer im Magen liegen, dass man direkt wieder ins Bett fallen möchte ...

Deshalb hab ich hier ein paar superleckere frische Frühstücksideen, die euch garantiert fit machen! Viele Rezepte könnt ihr auch schon am Vortag vorbereiten und müsst sie dann morgens nur noch aus dem Kühlschrank fischen. So beginnt der Tag viel entspannter, und ihr holt euch Power für Schule, Sport und was ihr sonst noch Spannendes vorhabt.

FRUCHTSCHNITTE

> **Tipp**
>
> Wer richtig gute Zähne hat, dem empfehle ich eine Studentenfutterschnitte. Einfach Frischkäse, Studentenfutter und ein bisschen Honig aufs Brot. Das ist Power pur!

1 PORTION

1 Scheibe Brot (am besten getoastet!)
Frischkäse oder Landrahm
Obst, z. B. reife Erdbeeren oder andere leckere Früchtchen
Kakaopulver
Alternativ: Studentenfutter, Honig

Den Frischkäse dick aufs getoastete Brot verteilen, die Früchte waschen, klein schneiden und das bestrichene Brot damit belegen, möglichst mit ganz viel Liebe! Zum Schluss noch etwas Kakaopulver drüberstreuen.

SCHOKO-BANANEN-JOGHURT MIT STUDIFUTTER

2 PORTIONEN

1 großes Glas Vanillejoghurt
1 Banane
Studentenfutter
Honig oder Agavendicksaft
Schokosoße

1 Schneidet die Banane in Scheiben und legt 2 (Glas-)Schälchen damit aus. Weil sie so schön kleben, bleiben sie auch seitlich pappen. Vorsicht, achtet darauf, dass euer Schneidebrett richtig sauber ist, damit die Bananen nicht nach Zwiebeln schmecken.

2 Dann nehmt ihr Honig, am besten Akazienhonig, oder Agavendicksaft und füllt damit die Schälchenböden. Warum nicht später obendrüber? Weil man dann mit dem Löffel bis auf den Boden stochert, um den Honig zu erwischen, und sich die Zutaten beim Essen schön vermischen. (Und vor dem Servieren mixen sieht lange nicht so schick aus!)
Die Schälchen mit Vanillejoghurt auffüllen, sodass alle Bananenscheiben bedeckt sind. Dann Schokoladensoße (Yammi!!!) drübergießen und zum Schluss etwas Studentenfutter draufstreuen.

3 Für die Schule bereitet ihr dieses Träumchen einfach in einem alten Marmeladenglas zu. Deckel drauf, zuschrauben, fertig!

Tipp
Bananen und Nüsse sind perfekte Muntermacher und halten euch garantiert bis zur ersten Pause wach.

Tipp

In einem alten Marmeladenglas könnt ihr euch euren Joghurt auch super mit in die Schule nehmen.

FEIGEN-HONIG-GRANATAPFEL-JOGHURT

1 PORTION

1 Becher Naturjoghurt (stichfest)
1–2 getrocknete Feigen
1 Granatapfel
Mandeln
Gehackte Nüsse, z. B. Walnüsse
Maulbeeren* (oder Rosinen)

*Maulbeeren sind getrocknete, besonders süße wilde Früchtchen, die ein bisschen wie Rosinen schmecken. Man bekommt sie in türkischen Geschäften oder manchmal auch in der Spezialitätenabteilung im Supermarkt.

1 Die Feigen klein schneiden und in ein Glas füllen. Damit es besonders gut aussieht, klebt ihr sie von innen an die Glaswand und füllt dann den Naturjoghurt ins Glas. Nun den Granatapfel aufschneiden, die kleinen Kernchen rauspulen und auf den Joghurt streuen. (Das ist 'ne ziemliche Sauerei, weil's spritzt wie sonst was. Also aufpassen, dass Küche und Klamotten nachher nicht komplett rot gesprenkelt sind.)

2 Wenn ihr wollt, könnt ihr fürs Auge (und natürlich für den Bauch) noch etwas Joghurt nachfüllen und als Topping Mandeln, Maulbeeren (oder Rosinen) und gehackte Walnüsse darauf dekorieren.

Tipp
Alle Joghurtvarianten eignen sich auch perfekt als Dessert.

Tipp
Übrig gebliebene Granatapfelkernchen könnt ihr für ganz viele Gerichte gebrauchen oder einfach als Snack zum Knabbern auf den Tisch stellen. Außerdem halten sich die gepulten Perlchen im Kühlschrank ewig. Die knallrote Frucht ist ein echtes Erlebnis, sehr lecker und soooo gesund (mit extrem viel Vitamin C)!

MANGO-PFIRSICH-MARACUJA-JOGHURT

„Ein Traum in Gelb …", mehr brauch ich dazu nicht zu sagen!

Tipp
Achtet darauf, dass die Früchte wirklich reif und weich sind. Dann schmeckt euer Frühstück ganz besonders süß und lecker.

4 PORTIONEN

1 großes Glas Naturjoghurt
1 Pfirsich
1 Maracuja
1 Mango
1 TL Rohrzucker oder Agavendicksaft

1 Zuerst den Pfirsich waschen, entkernen und mit etwas Zucker oder Agavendicksaft und Wasser entweder im Mixer pürieren oder einfach zerstampfen. Den Joghurt in eine Schüssel füllen und vorsichtig die Pfirsichsoße und die Pfirsichstückchen unterrühren. Die Mango und die Maracuja schälen und in schöne Stückchen schneiden.

2 Jetzt füllt ihr vier kleine Gläser mit jeweils einer Schicht Obst und einer Schicht Joghurtmischung, dann wieder Obst und wieder Pfirsichjoghurt … So lange schichten, bis zum Schluss Obst zuoberst liegt.

PAPAYA-BROMBEER-JOGHURT

1 PORTION

1 Becher Naturjoghurt
(cremig, mit höherem Fettanteil)
1 Papaya
Brombeeren (oder andere Beeren)
Müsli nach eurem Geschmack
Flüssiger Honig oder Agavendicksaft

Die Papaya halbieren, entkernen und achteln, die Schale abschneiden. Dann nehmt ihr ein Glasschälchen (oder ein Marmeladenglas zum Mitnehmen) und drückt die Früchte am Innenrand fest. Etwas Müsli und ein paar Brombeeren dazugeben, ein bisschen Honig drüberträufeln und zum Schluss das Schälchen oder Glas mit Naturjoghurt auffüllen.

Tipp
Aus übrig gebliebenen Früchten könnt ihr wunderbar einen Obstsalat schnippeln.

KUNTERBUNTER OBSTSALAT

Sooo gesund ist eigentlich schon fast verboten! Und keine Angst vorm Schnippeln, denn dabei kann man lecker naschen. Nur Vorsicht, schneidet euch morgens vor lauter Müdigkeit nicht in die Finger!

X-BELIEBIG VIELE PORTIONEN

Verschiedene Obstsorten (je nach Saison)
Gefrorene Himbeeren
Zitronensaft
Getrocknete Früchte
Gehackte Nüsse
Joghurt, Vanillequark oder Sahne als Topping (wer mag)

1 So einfach geht's: Das Obst gründlich waschen, schnippeln und mischen. Dann rührt ihr gefrorene Himbeeren unter und beträufelt den Salat mit etwas Zitronensaft, damit er länger frisch bleibt – und fertig ist die Vitaminbombe!

2 Lecker sind auch getrocknete Früchte und die verschiedensten gehackten Nüsse. Ihr könnt eurer Phantasie freien Lauf lassen und einfach alles reinschnippeln, was euch schmeckt und sich zu Hause so finden lässt. Oder ihr geht einfach 'ne Runde einkaufen und besorgt euch, worauf ihr so richtig Lust habt. Packt am besten noch Joghurt oder Vanillequark in den Einkaufswagen, den könnt ihr gut unter das Obst rühren. Super schmeckt auch Sahne, geschlagen oder flüssig.

Tipp
Richtet euch bei der Obstwahl nach der Jahreszeit. Im Winter schmecken Erdbeeren meist nur nach Wasser.

Tipp
Wenn ihr den Obstsalat in die Schule mitnehmen wollt, mischt besser keine Bananen mit rein, das matscht!

BENS BERÜCHTIGTE BROTAUFSTRICHE

Tschüss, öde Stulle! Mit diesen Frischkäseaufstrichen zaubert ihr euch die leckersten Frühstücks- und Pausenbrote aller Zeiten. (Sie sind sooo gut, dass ich den ersten Biss in der Pause nie erwarten konnte!) Ihr könnt aber auch einfach eure Lieblingszutaten zu einem leckeren Aufstrich zusammenmixen. Traut euch mal was Neues!

Tipp

Die Aufstriche sind perfekt für Pausenbrote oder eine kleine Brotzeit zwischendurch. Mit etwas Baguette eignen sie sich super als Partydips!

LACHSAUFSTRICH

1 PORTION

40–50 g Frischkäse
½ Päckchen Lachs (oder anderen geräucherten oder gebratenen Fisch, vielleicht ist ja noch etwas vom Sonntagsfrühstück übrig!)
1 TL frischer Sahnemeerrettich (wenn ihr mögt)
1–2 TL getrockneter Dill (oder frisches Kraut)
1 Prise Paprikapulver, edelsüß
Chilipulver (besser nur ganz wenig!)
Salz, Pfeffer

Lachsaufstrich ist was ganz besonders Feines! Den Fisch in kleine Stücke schneiden, den Dill hacken und alle Zutaten mit dem Frischkäse in einer Schüssel grob vermischen. Nun nur noch würzen und abschmecken – fertig!

Tipp
Was ihr als Grundlage für leckere Aufstriche unbedingt braucht, ist Frischkäse. Davon könnt ihr nie genug im Kühlschrank haben. Er hält sich relativ lange, deshalb ist es gut, immer für 'nen kleinen Vorrat zu sorgen!

Tipp
Damit das Brot nicht die Flüssigkeit vom Frischkäse aufsaugt, könnt ihr es mit einem Backpinsel mit Olivenöl bestreichen. Oder ihr legt einfach Salatblätter zwischen Aufstrich und Brot.

BACON- ODER BRATENAUFSTRICH

1 PORTION

Bacon oder Bratenreste
40–50 g Frischkäse
1 TL Ketchup oder Barbecuesoße
Frühlingszwiebeln
1 Gewürzgurke
Champignons oder Zucchini
Salz, Pfeffer

In eurem Kühlschrank liegen noch gebratener Bacon, Bratenreste oder Bratwürstchen? Perfekt! Schneidet sie in richtig kleine Stückchen, genau wie das Gemüse, und mischt alle Zutaten mit dem Frischkäse zusammen. Salzen und pfeffern nicht vergessen! Abschmecken – fertig!

TOMATEN-FRÜHLINGSZWIEBEL-AUFSTRICH

1 PORTION

40–50 g Frischkäse
1 ½ Tomaten
1 Frühlingszwiebel
Basilikum
Salz, Pfeffer

Die Tomaten waschen, vierteln, die Fruchtkerne entfernen und die roten Früchtchen dann schön klein schneiden oder würfeln. Auch die Frühlingszwiebeln waschen, in feine Ringe schneiden und gemeinsam mit den Tomatenwürfeln in eine Schüssel geben. Frischkäse unterrühren, salzen, pfeffern und zum Schluss ein paar Basilikumblätter dazugeben. Und ab aufs Brot!

Tipp

Bei Tomaten, Gurken und allem anderen Gemüse mit Fruchtkernen unbedingt die Kerne rausschneiden oder -löffeln, sonst habt ihr später nur Matsche in der Tasche.

SONNTAGSBRÖTCHEN

Brot und Brötchen selber backen ist gerade total angesagt. Alle Starköche und -bäcker dieser Welt versuchen, sich mit ihren Teigrezepten zu battlen ... Psst, ich habe das allerbeste! Für diese leckeren teigigen Dinger steige ich sonntags sogar freiwillig früher aus dem Bett.

12–15 BRÖTCHEN

Hefeteig (S. 22)
1 Ei
Mohn
Sesam
Kürbiskerne
Sonnenblumenkerne
Schinken
Getrocknete Tomaten
... und alles, worauf ihr sonst noch Lust habt!

1 Als Erstes bereitet ihr den Hefeteig zu und lasst ihn gemütlich aufgehen. Das könnt ihr auch schon am Vortag machen. Heizt dann den Ofen auf 200 Grad vor. Formt aus dem Teig schöne, gleichmäßige Kugeln und drückt bei ein paar Brötchen eine kleine Mulde in die Mitte. Hier drin könnt ihr die Füllung verstecken.

2 Legt ein Backblech mit Backpapier aus. Verteilt die Brötchen darauf und schneidet den Teig auf der Oberseite ein, damit sie im Ofen eine schöne Kruste bekommen. Besonders lecker werden sie, wenn ihr sie mit Eigelb einpinselt und verschiedene Kräuter draufstreut. Jetzt das Blech auf mittlerer Schiene in den Ofen schieben und die kleinen Teigkugeln etwa 20 Minuten backen lassen. Schaut ab und zu im Ofen nach, wenn sie schön goldbraun sind und lecker duften, kann euer Sonntagsfrühstück losgehen.

Tipp

Ein feuerfestes Schälchen Wasser schon beim Vorheizen auf den Ofenboden stellen, dann werden die Brötchen extrem knusprig.

KNACKIGE SALATE UND SALATSOSSEN

Wer sagt, dass Salat nur was für die Hasen ist? Es gibt so viele spannende Salate mit Granatapfelkernen, Pfannkuchenstreifen, Ziegenkäse, Radieschen, Nüssen und anderen Leckereien, die ich mit keinem Nager teilen möchte! Und obendrauf kommen köstliche Soßen, die ihr supereinfach zubereiten könnt ... Mmmmhhh!

SOSSE A LA MAMA

1 kleiner Becher Joghurt (150 g)
Ordentlich Schnittlauch
(frisch oder tiefgefroren)
Saft von 1 frischen Zitrone
(Zitronensaft aus der Flasche
schmeckt einfach nicht)
3 EL Öl
½ TL Zucker oder Agavendicksaft
Ein Schuss Sahne, wer mag
1 Knoblauchzehe
Salz, Pfeffer

Den Schnittlauch waschen und schneiden, die Knoblauchzehe schälen und pressen. Das Öl mit dem Zitronensaft in einer kleinen Schale verrühren, Schnittlauch, Knoblauch, Zucker und sonstige Gewürze dazu, Joghurt und einen Schuss Sahne rein, umrühren und … fertig!

DIE SCHNELLSTE SALATSOSSE DER WELT

Saft von 1 Zitrone
3 EL Öl
2 TL süßer Senf
1 Prise grobes Meersalz
1 Prise Pfeffer

Alle Zutaten kommen in ein leeres, kleines Marmeladenglas, Deckel drauf und gut schütteln – garantiert in 3 Minuten fertig!

> **Tipp**
> Salatsoßen lassen sich in leeren Marmeladengläsern besonders gut shaken. Aber vergesst nicht, den Deckel gaaaanz fest zuzudrehen, sonst habt ihr ein Problem bzw. eine Riesensauerei!

KARTOFFEL-SPECK-SOSSE

30 g (etwa 1 Handvoll) Speckwürfel
2 kleine oder 1 große gekochte Kartoffel
1 kleine Zwiebel
3 EL Öl
Saft von 1 Zitrone
1 TL süßer Senf oder ½ TL Honig
Etwas Gemüsebrühe (aus Brühwürfeln oder selbst gemacht (S. 25))
Salz, Pfeffer

Den Speck in einer Pfanne knusprig anbraten und dann von der Platte nehmen. Die gekochten Kartoffeln mit der Gabel zerdrücken und die Zwiebel ganz klein schneiden. Öl, Zitronensaft, Honig oder süßen Senf, Salz, Pfeffer und die Speckwürfel aus der Pfanne zum Kartoffelbrei und den Zwiebeln geben, alles umrühren und dann so viel Brühe dazugießen, dass eine cremige Soße entsteht. Fertig!

ASIASOSSE

3 TL Sojasoße
2 TL asiatische Fischsoße, Asia-Chilisoße oder Gemüsebrühe
(aus Brühwürfeln oder selbst gemacht, S. 25)
Saft von ½ Limette oder Zitrone
1 TL Zucker
4 TL Öl
1 Frühlingszwiebel
½ Knoblauchzehe (kein Muss!)
Frischer Koriander (wer mag)
Sesamkörner
2 TL süße Sahne oder Kokosmilch
(für Feinschmecker)

Die Frühlingszwiebel und den Koriander waschen, die Zwiebel in feine Ringe schneiden und das Korianderkraut klein hacken. Die Knoblauchzehe schälen und pressen. Dann alle Zutaten in einer kleinen Schüssel zusammenmischen und abschmecken. Achtung: Die Sojasoße ist schon so salzig, dass ihr nicht noch extra nachsalzen müsst. Röstet nun die Sesamkörner in der Pfanne. Hierfür braucht ihr kein Öl, die Körner sind schon ölig genug. Der geröstete Sesam landet dann direkt in der Soße. Wenn ihr besondere Feinschmecker seid, gebt noch 2 TL süße Sahne oder Kokosmilch dazu. Fertig ist die superleckere exotische Soße!

LAUCHSALAT SCHNICK-SCHNACK-SCHNUCK

Joahhhhh, jetzt wird geschnippelt und danach geschmaust! Ich liebe asiatische Salate. Wenn ihr auf den Geschmack gekommen seid, dann holt euch einmal eine Grundausstattung asiatischer Soßen und Gewürze im Asiamarkt. Dort findet ihr original asiatische Lebensmittel, die meist viel billiger sind als im Supermarkt.

4 PORTIONEN

500 g Rind, Pute oder Hühnerfleisch
2 TL Sesamöl
2 Stangen Lauch
Saft von 1 ½ Zitronen
3 EL asiatische Fischsoße, besser bekannt als Oystersoße
4 EL Sojasoße
6–7 Cocktailtomaten oder 1 große Tomate
Sesamkörner

1. Den Lauch waschen und in feine Ringe schneiden (am besten hauchdünn!). Die Tomaten ebenfalls waschen und klein schneiden. In einer Pfanne etwas Sesamöl erhitzen, das Fleisch in Scheiben schneiden (so dünn wie möglich) und kurz scharf anbraten. Zitronensaft, Oyster- und Sojasoße dazugießen. Wer will, kann auch 2–3 dünne Scheiben Zitrone (Bio und ungespritzt!) mit in die Soße geben.

2. Wenn alles aufgekocht ist, könnt ihr Fleisch und Soße in eine Schüssel geben und 1–2 Minuten abkühlen lassen. Dann die Tomatenstückchen und die Lauchringe unterrühren. Fertig ist ein ganz besonderer Salat. Packt ihn sofort auf die Teller, streut ein bisschen Sesam drüber und genießt jeden Leckerbissen!

Tipp

Lauch wascht ihr am besten, indem ihr erst die Wurzeln abschneidet und die Stange anschließend einmal längs anschneidet. Denn zwischen den einzelnen Schichten versteckt sich meist jede Menge Sand. Dreck reinigt zwar den Magen ..., aber lecker ist anders!

GRANATAPFEL-MÄSSIGER FELDSALAT

4 PORTIONEN

160 g Feldsalat
4 Tomaten
1 Granatapfel
Kartoffel-Speck-Soße (S. 44)

1 Den Feldsalat waschen und putzen (Feldsalat ist oft sehr sandig, ihr müsst also ganz besonders gründlich sein!). Die Tomaten waschen und in Scheiben oder Viertel schneiden. Den Granatapfel aufschneiden und die kleinen Kernchen herauspicken.

2 Verteilt den Salat nun direkt auf die Teller und dekoriert die Tomatenstückchen hübsch darauf, denn das Auge isst mit. Apropos: Auch die knalligen Granatapfelkerne machen sich super im grünen Salat. Schön verstreut sehen sie nicht nur cool aus, sie haben auch extrem viel Vitamin C! Jetzt noch die Soße drüber. Lecker!!!

3 Ihr habt es eilig? Dann eben „to go": Nehmt ein kleines Einmach- oder Marmeladenglas und füllt als Erstes die Soße unten rein (so bleibt der Salat frisch und knackig), dann eine Schicht Feldsalat, eine Schicht Tomaten, eine Schicht Granatapfelkerne und, wer will, schließlich wieder eine Schicht Salat obendrauf. Jetzt nur noch den Deckel gut zuschrauben und eine Gabel mitnehmen.

Gebt die Soße erst ganz kurz vor dem Essen auf den Salat, sonst wird er matschig!

FIX GEMIXTER SALAT

4 PORTIONEN

1 Kopfsalat
4 kleine Tomaten
1 Paprika
½ Salatgurke
Im Sommer: Radieschen
Die schnellste Salatsoße der Welt (S. 44)

Alle Zutaten waschen, die Salatblätter klein zupfen, die restlichen Zutaten klein schnippeln und die schnellste Salatsoße der Welt drüberkippen. Schwups und fertig!!!

Tipp

Wenn ihr fertigen Mischsalat kauft, macht die Tüte möglichst noch im Supermarkt auf und schnuppert daran. Falls er muffig riecht, könnt ihr ihn guten Gewissens zurückgeben. Ist er frisch, dann packt ihn ein und wascht ihn zu Hause (wie jeden Salat) nochmals ganz gründlich, wegen der Keime und Bakterien.

SCHNEEWITTCHEN-SALAT

Dieser knallige Salat ist ein absoluter Hingucker – so rot wie Blut, so weiß wie Schnee und dazu noch ein Schneewittchenapfel. Und: Keine Angst vor Roter Bete! Dieses Gemüse klingt zwar einfach nur furchtbar gesund, aber wer es sauer mag, liegt hier genau richtig.

Tipp

Rote Bete gibt es schon fertig gekocht im Supermarkt zu kaufen. Wenn ihr sie selber zubereiten wollt, dann kommt sie mit Schale ins kochende Wasser, bis sie weich ist. Nun zuerst abkühlen lassen und dann schälen. Vorsicht: Hier macht Rote Bete ihrem Namen alle Ehre, denn sie färbt wie verrückt. Bei diesem Gericht also nicht die Lieblingsklamotten tragen!

2 PORTIONEN

2 Rote Bete (ich greife immer zu der vorgekochten)
1 Apfel
½ Zwiebel
100 g Schafskäse
Saft einer ½ Zitrone
2 EL Olivenöl
Eine Prise Zucker
Oregano
Salz, Pfeffer

1 Die eine Rote-Bete-Knolle in hauchdünne Scheiben, die andere in kleine Würfel schneiden. Den Apfel entkernen und ebenfalls würfeln. Die halbe Zwiebel in feine Ringe schneiden. Das gewürfelte Gemüse nun in eine Schüssel geben, 2 EL Öl, Zitronensaft, eine Prise Zucker, Salz und Pfeffer dazugeben, alles gut verrühren und obendrüber etwas getrockneten Oregano streuen.

2 Die hauchdünnen Rote-Bete-Scheiben auf einem Teller kreisförmig anordnen, darauf einen kleinen Berg Rote-Bete-Apfel-Würfel häufen, Zwiebelringe und klein gebröckelter Schafskäse drüber – perfekt!

BROTSALAT

4 PORTIONEN

1 Baguettebrot
1 Salatkopf
1 TL Tomatenmark oder
2 TL Ketchup
Öl
Salz, Pfeffer
Soße à la Mama (S. 43)

1 Schneidet das Brot in Würfel, beträufelt es mit Öl und salzt und pfeffert nach Geschmack. Entweder bratet ihr es nun in der Pfanne von allen Seiten knusprig an, oder ihr legt die Brotwürfel auf ein mit Backpapier ausgelegtes Backblech und schiebt es in den Ofen. Den Ofen müsst ihr auf 200 Grad vorheizen. Gut aufpassen, das Brot ist ganz schnell verbrannt!

2 Jetzt den Salatkopf waschen, aber in ganzen Blättern lassen. Gebt nun die Hälfte der Salatsoße in eine mittelgroße Schüssel und richtet dann die Salatblätter so darin an, dass es aussieht, als ob der Salatkopf noch ganz ist. Die andere Hälfte der Soße mixt ihr mit 1 EL Tomatenmark oder 2 EL Tomatenketchup.

3 In einer weiteren Schüssel verrührt ihr die abgekühlten Brotwürfel mit der roten Soße und füllt sie dann in die bereits angerichtete Salatschüssel in die Mitte des Salatkopfes. Fertig ist der Brotsalat – einfach der Renner an jedem Büfett!

MÖHRCHEN-APFEL-SALAT

> **Tipp**
> Schmeckt auch super mit der asiatischen Soße!

4 PORTIONEN

4 Möhren
2 Äpfel
1 Zwiebel (wer will)
1 Handvoll Nüsse (egal welche)
Petersilie
Die schnellste Salatsoße der Welt (S. 44)

1 Die Äpfel waschen und grob raspeln. Die Möhren schälen und ebenfalls raspeln. Dann die Zwiebel schälen und in dünne Ringe schneiden. Die Petersilie hacken. Äpfel, Möhrchen, Petersilie und eine Handvoll Nüsse in eine Schüssel geben, alles mit der schnellsten Soße der Welt mischen und dann (ganz wichtig!) die Zwiebelringe auseinanderpflücken und darüberlegen. Guten Appetit!

2 Auch diesen Salat könnt ihr gut in einem kleinen Einmach- oder Marmeladenglas in die Schule mitnehmen. Ein leckerer und sehr gesunder Pausensnack!

ZIEGENKÄSE-SPINAT-SALAT

4 PORTIONEN

200 g Babyspinat
1 feste Birne
150 g Ziegenfrischkäse
oder normaler Frischkäse
1 Handvoll Walnüsse
Asiasoße (S. 45)
oder Soße à la Mama (S. 43)

1 Die Birne waschen, entkernen und in sehr dünne Scheiben schneiden. Ihr könnt sie dann in einer Pfanne in Butter und etwas Zucker zusammen mit den gehackten Walnüssen anrösten. So schmecken sie noch tausendmal leckerer! (Wenn ihr nur die Nüsse anrösten wollt, braucht ihr kein Öl hinzugeben, denn sie enthalten bereits sehr viel Fett. Aber Vorsicht: Nüsse verbrennen schnell in der Pfanne!)

2 Den Spinat gut waschen, trocknen und auf Tellern verteilen, die Birnenscheiben hübsch darauflegen. Etwas Ziegenfrischkäse (oder normalen Frischkäse) auf den Birnen verteilen, ein bisschen Soße darübergießen, die gerösteten Nüsse draufstreuen … und genießen!

> **Tipp**
> Gebt zum Schluss etwas Balsamicosoße aus der Flasche über den Feinschmeckersalat, das gibt Punkte in der B-Note!

ORIGINAL BERLINER KARTOFFEL-SALAT

Keine Party ohne Kartoffelsalat! Und auch keine Wiener Würstchen und erst recht keine Grillwurst! Mit diesem juten alten Berliner Kartoffelsalat-Rezept seid ihr zu jedem Grillfest auf der sicheren Seite.

> **Tipp**
> Wenn ihr den Salat nicht so fett mögt, nehmt die Hälfte der angegebenen Menge Mayo und mischt stattdessen Joghurt unter.

4–6 PORTIONEN

2 kg Kartoffeln
1 Zwiebel
1 Apfel, säuerlich
5–6 Gewürzgurken (das Gurkenwasser aus dem Glas auf keinen Fall wegkippen)
1 Glas Mayonnaise
Petersilie
Salz, Pfeffer

1 Die Kartoffeln mit Schale etwa 20 Minuten kochen. In der Zwischenzeit könnt ihr die Mayonnaise aus dem Glas in eine Schüssel löffeln, dazu kommt ½ TL Salz. Jetzt schneidet ihr die Gewürzgurken in kleine, appetitliche Würfelchen. Dann die Zwiebel schälen und ebenfalls in kleine Würfel schneiden. Den Apfel (falls Bio, braucht ihr ihn nicht zu schälen) waschen, entkernen und in Stückchen schneiden. Alles zusammen in der Schüssel mit etwas Gurkenwasser zu einer cremigen Soße verrühren und nach Geschmack salzen und pfeffern.

2 Die Kartoffeln, wenn sie gar sind (mit der Messerspitze reinpiksen und testen), abgießen – Vorsicht: heißer Dampf! – und kalt abspülen. Wenn sie abgekühlt sind, könnt ihr sie pellen, in Scheiben schneiden und mit der Soße mischen. Nun einige Zeit ziehen lassen (mindestens eine Stunde) und dann noch mal umrühren. Ist der Salat zu fest, gießt etwas Gurkenwasser aus dem Glas nach. Falls ihr keins mehr habt, könnt ihr ihn mit etwas selbst gemischtem Essigwasser verdünnen (3 EL hellen Speiseessig auf ein kleines Glas Leitungswasser). Etwas Petersilie als Deko, da habt ihr den Salat!

PFANNKUCHENSALAT

Pfannkuchen sind perfekte Soßenaufsauger und dabei so wahnsinnig lecker! Für mich schmecken die Eierkuchen nirgendwo besser als im Salat. Backt also immer gleich ein paar mehr, wenn ihr gerade dabei seid.

2 PORTIONEN

4 Pfannkuchen (S. 24)
1 große Tomate
12 EL Apfelsaft
2 EL Essig
¼ Salatgurke
1 Möhre
Schnittlauch
1 Prise Zucker
Salz, Pfeffer

1 Halbiert die Pfannkuchen und schneidet sie in feine Streifen. Nehmt ein Schüsselchen, gebt Apfelsaft, Essig, Salz und Pfeffer hinein, verrührt das Ganze und probiert! Dann die Möhre schälen und grob raspeln. Die Tomate waschen und würfeln. Die Gurke schälen und in Würfelchen oder dünne Scheiben schneiden.

2 Die Pfannkuchenstreifen in eine Schale geben und in der Soße wenden. Anschließend kommen Gurken, Möhren und Tomaten dazu. Das Ganze noch mal umrühren. Jetzt alles auf Tellern schön anrichten (am besten mit gewaschenen Händen). Zuletzt den klein geschnittenen Schnittlauch und pro Person 2 EL Röstzwiebeln darüberstreuen.

Geheimtipp
Röstzwiebeln drüberstreuen!

IT'S BURGERTIME!

Na, habt ihr Bock auf 'n Burger? So einen richtig deftigen, mit knusprigem Fleisch, Grillgemüse und leckerer Soße? Dann mal los! Ich habe mir ein paar richtig wuchtige Wopper für euch ausgedacht. Ach ja, zum genüsslichen Burgeressen könnt ihr das Besteck getrost unter den Tisch fallen lassen ...

HALLO MÜNCHEN!-BURGER

1 BURGER

1 Laugenbrötchen
(oder ein normales Burgerbrötchen)
4 Nürnberger Bratwürstchen
60 g Sauerkraut (aus dem Glas)
1 große Tomate (oder 2 kleine)
1 Gewürzgurke
¼ Zwiebel
1 EL süßer Senf
2 EL Crème fraîche, fester Naturjoghurt, Frischkäse oder Quark
1 TL Röstzwiebeln
Salatblätter
Ketchup oder Mayonnaise
Salz, Pfeffer

1 Gebt etwas Wasser oder Apfelsaft in einen Topf, kippt das Sauerkraut aus dem Glas hinein und erhitzt es auf ganz kleiner Flamme. Bratet nebenbei die Würstchen in einer Pfanne mit ganz wenig Fett knusprig an. (Im Sommer gehören die kleinen Schlawiner logischerweise auf den Grill!)

2 Während Sauerkraut und Würstchen vor sich hin brutzeln (zwischendurch immer mal wieder wenden und umrühren), schneidet ihr die Zwiebel in ganz, ganz feine Streifen. Auch die Tomate(n) und die Gewürzgurke in Scheiben schneiden, dabei gerne naschen, denn Gemüse ist gesund! Das Laugenbrötchen könnt ihr nun schon auf den Toaster verfrachten und auf kleiner Stufe schön knusprig toasten.

Tipp

Habt ihr schon mal darüber nachgedacht, auf Biofleisch umzusteigen? Denn das meiste Fleisch, das man so kaufen kann, kommt von Höfen mit Massentierhaltung. Hier werden die Tiere auf engstem Raum zusammengepfercht und bekommen niemals im Leben eine Weide und grünes Gras zu sehen. Außerdem erhalten sie in der Regel viele Medikamente, damit sie schneller wachsen. Biofleisch ist zwar etwas teurer, aber es lohnt sich – fürs Gewissen und den Geschmack!

Tipp

Beim Zwiebelschälen Messer und Brettchen anfeuchten, dann müsst ihr nicht so doll weinen!

3 Vermischt dann in einer Schüssel Senf und Crème fraîche bzw. Joghurt (Frischkäse oder Quark gehen auch), bis ihr eine leckere Soße habt. Auf eine Brötchenhälfte legt ihr gewaschene Salatblätter und dann die gebratenen Würstchen. Hhhmmmmmmmm, das ist jetzt schon wahnsinnig lecker! Nun kommt die Senfsoße drauf, darüber die Gurken- und Tomatenscheiben, die fein geschnittenen Zwiebelringe und on top die Röstzwiebeln. Zum Schluss noch der Oberhammer: das Sauerkraut! Bevor ihr es auf den Burger packt, solltet ihr mit einer Gabel die Flüssigkeit rausdrücken, sonst wird das Brötchen weich. Jetzt kommt noch etwas Senfsoße obendrauf und – na klar! – alles, worauf ihr sonst noch Lust habt! (Ich denke da an Mayo oder Ketchup …) Nun fehlt nur noch die obere Brötchenhälfte – und tschüss, Fast-Food-Restaurant, diese Dinger hier sind einfach cooler!!!

BOOM-BOOM-CHICKEN-BURGER

1 BURGER

1 Brötchen
½ Hühnerbrust
Barbecuesoße
1–2 Gewürzgurken
½ Tomate
¼ Zwiebel
Pfeffer, Paprika- oder Chilipulver
(für alle, die es scharf mögen)
Wer will: Frischkäse, gebratenes Gemüse oder was der Kühlschrank sonst noch Leckeres zu bieten hat ...

1 Die Hühnerbrust ungesalzen in der Pfanne anbraten, bis sie richtig schön braun und kross ist. Während das Fleisch in der Pfanne brutzelt (oder auf dem Grill liegt), könnt ihr schon das Burgerbrötchen oder -brot in den Toaster stecken und die Zwiebel, die Tomate und die Gewürzgurken in Scheiben schneiden. Denn wenn ihr riesigen Kohldampf habt, solltet ihr keine Zeit verlieren!

2 Mit einer Gabel zerfleddert ihr das gegrillte oder gebratene Fleisch dann in kleine Stücke. (Um sicherzugehen, dass es richtig durch ist, könnt ihr die Hühnerbrust auch schon vor dem Braten zerteilen.) Die Fleischstückchen flott in ein Schälchen packen und mit Barbecuesoße vermischen. Jetzt könnt ihr kreativ werden und angebratenes Gemüse, Frischkäse oder mit der Gabel zerdrückte Kartoffeln dazumischen und umrühren. Wenn ihr es scharf mögt, würzt das Ganze mit ein bisschen Paprikapulver, grobem Pfeffer oder Chili.

3 Das Brötchen oder Brot aus dem Toaster holen, aufschneiden und mit dem Barbecue-Hühnchen-Gemüse-Mix belegen. Dann die frischen Gurken- und Tomatenscheiben drauflegen, die Zwiebelringe darüber verteilen, und fertig ist der Boom-Boom-Chicken-Burger!

Tipp
Das Burgerfleisch im Sommer unbedingt auf den Grill legen!

Tipp
Besser nicht zusätzlich salzen, die Barbecuesoße ist salzig genug!

Tipp
Packt nur dann ein Salatblatt drauf, wenn ihr das Grünzeug auch wirklich mögt. Denn hier geht's ausnahmsweise nicht um gesund oder ungesund – was zählt, ist, worauf ihr so richtig Bock habt!

Tipp

Wenn ihr ein bisschen weniger Soße nehmt, ist ein Burger auch der ultimative Pausensnack!

Tipp

Statt aufgeweichtem Brot könnt ihr für die Bouletten auch eine Tasse Semmelbrösel verwenden.

LIEBLINGSBURGER

Ich liebe es, stundenlang am Tisch zu sitzen und zu essen. Aber manchmal macht es mir auch einfach Spaß, einen Burger nur so in mich reinzustopfen. Und am besten sollte er nach allem schmecken, worauf ich Lust habe: Fleisch, Gemüse, leckere Gewürze ... Dieser Burger ist zum Stopfen und Mit-den-Fingern-Essen da! Und spart auf keinen Fall an den Soßen!

6 BURGER

Bouletten:
500 g Hackfleisch
1 Zwiebel
1 Ei
2 Scheiben Toastbrot
oder 1 helles Brötchen
1 Knoblauchzehe
Salz, Pfeffer

Belag:
Grillgemüse (Zucchini, Aubergine
und etwas Gemüsebrühe)
2 Tomaten
2 Avocados
1 Zwiebel
2 Frühlingszwiebeln
6 TL Röstzwiebeln
Einige Salatblätter
Cocktailsoße

1 Für das Grillgemüse schneidet ihr 1 Zucchini längs auf, dann in Scheiben. Bratet sie mit etwas Öl in der Pfanne, salzen und pfeffern nicht vergessen! Auch die Aubergine in Scheiben schneiden, braten, salzen, pfeffern und mit etwas Gemüsebrühe angießen.

2 Jetzt fix ran an die Bouletten: Die Zwiebel pellen und klein schneiden. Das Brot in warmem Wasser einweichen, bis es so richtig wabbelig ist. Danach gut ausdrücken und mit dem Fleisch, der Zwiebel, dem Ei, einer gepressten Knoblauchzehe und etwas Salz und Pfeffer vermischen und kneten. Die Masse zu 6 flachen Bouletten formen und mit einem Schuss Öl auf mittlerer Stufe in einer Pfanne braten. Im Sommer könnt ihr die Klopse auch auf den Grill legen.

3 Wenn die Bouletten schön knusprig sind, schneidet ihr die Brötchen auf und toastet sie. Die Tomaten in Scheiben, die Zwiebeln und Frühlingszwiebeln in Ringe schneiden. Die Avocados aufschneiden, entkernen, aushöhlen und zunächst in einer kleinen Schüssel zwischenlagern. Danach den Salat waschen und die schönsten Blätter für die Burger zur Seite legen. So, nun auf jede Brötchenhälfte etwas Cocktailsoße streichen. Auf die untere Brötchenhälfte kommen 1–2 Salatblätter, etwas Grillgemüse und pro Burger eine leckere Boulette. Zuletzt Tomatenscheiben, Zwiebel- und Frühlingszwiebelringe, ein bisschen Avocado und pro Burger 1 TL Röstzwiebeln obendrauf und zuklappen! Fertig isser, der Superburger!

KÄPT'N BENS FISCHSTÄBCHENBAGUETTE

Dieser „Burger" ist einfach riesig! Er lohnt sich so richtig, wenn euch zu mehreren der Burgerjieper packt.

4 PORTIONEN

1 Packung Fischstäbchen (15 Stück)
1 Baguette (frisch oder gefroren)
2 Tomaten
Knackige Salatblätter

Gurkensoße:
150 g Joghurt
½ Salatgurke
1 Knoblauchzehe
1 TL Dill (frisch oder getrocknet)
½ Zitrone
3 EL Ketchup
Salz, Pfeffer

1 Statt in der Pfanne landen die Fischstäbchen bei mir immer im Ofen (meistens 10 Minuten bei 220 Grad, siehe Packungsanweisung). Auf einem mit Backpapier ausgelegten Blech werden sie nicht so fettig. Ihr könnt sie nach Geschmack pfeffern und salzen.

2 Für die Soße rührt ihr Joghurt, gepressten Knoblauch, Dill, eine Prise Salz, etwas Pfeffer und Ketchup zusammen. Dann schneidet ihr die Gurke mit dem Gemüseschäler in feine Streifen (wenn es keine Biogurke ist, vorher schälen). Die Gurkenstreifen bekommen nun einen Spritzer Zitronensaft ab, dann ab in die Soße damit und gut umrühren.

3 Wascht nun den Salat und sucht euch die schönsten Blätter heraus. Auch die Tomaten waschen und in dicke Scheiben schneiden. Das Baguette aufschneiden, die Salatblätter auf der Unterseite verteilen, dann die fertigen Fischstäbchen drauflegen, die Gurkensoße oder einfach etwas Cocktailsoße drübergeben, die saftigen Tomatenscheiben on top, zuklappen, fertig! Freut euch schon mal auf die staunenden Gesichter eurer Gäste, wenn ihr dieses dicke Ding auf den Tisch stellt!

Tipp

Am besten schneidet ihr das Baguette nicht ganz durch und höhlt es etwas aus, sodass die Hälften noch zusammenhalten. So passt mehr rein, und es lässt sich leichter essen.

Tipp

Wer keine Lust hat, die Soße selber zu machen, kann einfach Remouladensoße nehmen. Aber leckerer ist natürlich die selbst gemachte!

VEGGIE-BURGER

Tipp

Schaut mal in den Tiefen eures Kühlschrank nach (ein heißer Tipp ist das unterste Gemüsefach, wo leider öfters mal was vergessen wird und vergammelt ...), was ihr dort noch Leckeres finden könnt, und verbraucht es, bevor ihr frisches Gemüse kauft.

4 BURGER

8 Scheiben Vollkornbrot
oder 4 Vollkornbrötchen
1 Aubergine
1 Zucchini
1 Paprika
1 Zwiebel
¼ Gurke
2 Avocados
1 Zitrone
4 Eier
Etwas Weißbrot für Croûtons
Salz, Pfeffer

1 Das Gemüse waschen, in Scheiben schneiden und in etwas Olivenöl leicht in der Pfanne anbraten (etwa 3–4 Minuten). Die Zwiebel schälen und in ganz feine Ringe schneiden. Auch die Gurke eventuell schälen und ein paar Scheiben abschneiden. Wenn ihr's gerne knusprig mögt, könnt ihr die Brotscheiben oder Brötchen jetzt in den Toaster schieben. Die Avocados halbieren, den Kern entfernen und das Fruchtfleisch aus der Schale in eine kleine Schüssel kratzen. Gebt etwas Zitronensaft dazu und zerdrückt die grüne Masse mit einer Gabel. Damit bestreicht ihr nun die Brotscheiben oder Brötchenhälften. Auf jeweils einer Brotscheibe oder Brötchenhälfte schichtet ihr schon mal das gebratene Gemüse.

2 Für die Croûtons schneidet ihr etwas Weißbrot in kleine Würfel und erhitzt sie in der Pfanne in etwas Öl. (Vorsicht, die kleinen Dinger brennen schnell an!) Wenn sie goldbraun sind, könnt ihr sie aus der Pfanne nehmen und auf Küchenpapier abtropfen lassen.
Die Eier haut ihr ebenfalls in die Pfanne und bratet sie auf niedriger bis mittlerer Stufe in etwas Öl oder Butter. Stecht beim Brutzeln das Eigelb auf und setzt dann den Deckel auf die Pfanne, damit auch das Eigelb ganz fest wird. Das Spiegelei salzen und pfeffern, auf die vorbereiteten Brot- oder Brötchenhälften legen, die Gurkenscheiben, Zwiebelringe und Croûtons drauf, zuklappen, und der Burger ist fertig zum Anbeißen!

FETA-BURGER

1 BURGER

1 Brötchen nach Wahl
Gemüse nach Wahl
(z. B. Tomaten, Paprika oder Zucchini)
1 Zwiebel
1 Päckchen Schafskäse
2 TL stichfester Joghurt
Etwas Zitronensaft
Frische Kräuter
Pfeffer, Salz
Deko: 1 Salatblatt

1 Das Gemüse klein schneiden und kurz anbraten. Genauso gut könnt ihr auch bereits gekochtes Gemüse vom Vortag verwenden. Die Zwiebel in feine Ringe schneiden. Das Brötchen toasten, dann aufschneiden und etwas Schafskäse auf die Unterhälfte bröckeln. Das gebratene Gemüse auf dem Schafskäse verteilen, dann die Zwiebelringe drüberlegen.

2 Die Joghurtsoße zaubert ihr so: Mischt den Joghurt in einer kleinen Schale mit Zitronensaft, Salz und Pfeffer. Die Kräuter waschen, klein hacken und unterrühren. Jetzt könnt ihr die Soße auf dem Burger verteilen. Als Deko und für den Geschmack kommt ein schickes Salatblatt obendrauf. Den Burger zuklappen und direkt reinbeißen – Yammi!

Tipp
Bei so fett belegten Burgern setzt ihr euch besser ganz gemütlich hin und genießt in aller Ruhe eure Leckerbissen.

PASTA

Pasta macht glücklich! Erstens natürlich, weil sie so unwahrscheinlich gut schmeckt. Und zweitens, weil in Pasta viele wertvolle Kohlenhydrate stecken, die im Körper die Produktion von Glückshormonen anregen. Ihr glaubt mir nicht? Dann probiert doch mal eins der folgenden Rezepte!

Tipp

Nudelgerichte schmecken nur dann so richtig lecker, wenn die Pasta al dente, also noch bissfest, ist. („Al dente" kommt wie „Pasta" aus dem Italienischen. „Dente" heißt Zahn – die Beißerchen sollen beim Nudelessen also noch was zu tun haben!) Hier ein paar Tipps, was ihr als perfekte Pastaköche alles beachten müsst ...

Pasta-Kochtipps

1. Erhitzt Nudelwasser am besten mit dem Wasserkocher und gießt es dann in den Topf. So spart ihr Energie und Zeit!

2. Bevor ihr die Nudeln ins Wasser schmeißt, solltet ihr es ordentlich salzen. Keine falsche Zurückhaltung – es darf fast wie Meerwasser schmecken!

3. Gebt ein Stückchen frischen Ingwer ins Nudelwasser, das raut die Oberfläche der Nudeln auf, sodass sie das Salz im Wasser besser aufnehmen.

4. Nudel ist nicht gleich Nudel! Achtet immer auf die Garzeiten, die auf den Nudelpackungen stehen. Sie dauern ganz unterschiedlich lange.

5. Ihr wollt wissen, ob die Pasta schon fertig ist? Ganz einfach, holt eine Nudel aus dem Kochtopf und schmeißt sie an die Küchenwand. Bleibt sie kleben, ist sie gar. Fällt sie runter, braucht sie noch etwas Zeit. Achtung: Das funktioniert nur mit Spaghetti!

BENS BOLOGNESE-BOLLO-BOLLO

Es gibt nichts Besseres! Im Ernst, für mich kann kein Essen der Welt dieses Gericht übertreffen ...
Nichts schlägt Pasta mit Bolognesesoße!

Tipp
Wer kein grobes Hackfleisch mag, kann das Hack für etwa eine Stunde in lauwarmer Gemüsebrühe einlegen. Der Geschmack zieht in das Fleisch ein, und es wird zart und fein.

8 PORTIONEN

800 g Spaghetti
1 kg Hackfleisch
(vom Rind oder Schwein)
1 Paprikaschote
2 Möhren
2 Zwiebeln
4 Knoblauchzehen
1 Dose gewürfelte Tomaten
(im Sommer könnt ihr frische Tomaten nehmen)
2 Tuben Tomatenmark
Etwas Gemüsebrühe
(aus Brühwürfeln oder selbst gemacht (S. 25))
Frische Kräuter nach Wahl
Getrocknete Kräuter wie Oregano, Thymian, Rosmarin
Etwas Olivenöl
Salz, Pfeffer

1 Die Zwiebeln schälen und klein schnippeln und mit etwas Olivenöl, Salz und geschälten, gehackten Knoblauchzehen in einem großen Topf auf mittlerer Hitze glasig dünsten. Nebenbei könnt ihr die Möhren schälen, die Paprika waschen, alles klein schnippeln und ebenfalls in den Topf schmeißen. Setzt nun einen weiteren Topf Wasser auf und schmeißt die Spaghetti rein, sobald es kocht.

2 Jetzt kommt das Hackfleisch in den Gemüsetopf. Trennt es mit dem Kochlöffel in kleine Stücke und rührt es gut um, sodass es an allen Stellen schön braun wird. Wenn das Fleisch durch ist und keine rosigen Stellen mehr hat, kippt ihr die Dosentomaten hinzu. Würzt das Ganze mit Kräutern eurer Wahl (Rosmarin, Thymian oder Oregano machen sich sehr gut!), gebt den Deckel drauf und lasst die Soße auf ganz kleiner Flamme etwa 15 Minuten köcheln.

3 Zum Schluss mischt ihr das Tomatenmark unter. Wenn euch die Soße jetzt noch zu fest ist, könnt ihr sie mit Gemüsebrühe aufgießen. Nochmals etwas nachköcheln lassen und lecker abschmecken, bis die Bollo genau so gewürzt ist, wie sie euch am besten schmeckt! Guten Hunger!

Tipp

Kocht am besten gleich 8 Portionen und friert einen Teil der Soße ein. Denn wenn man Bock auf Spag-Bollo hat, dann sollte es schnell gehen!

GRILLGEMÜSE-FETA-FUSILLI

> **Tipp**
>
> Passt auf, dass eure Messer scharf sind, sonst gibt's Quetschtomaten und Paprikabrei …

4 PORTIONEN

400 g Fusilli
1 kg Gemüse (Zucchini, Paprika, Möhre, Aubergine …)
1–2 Knoblauchzehen
Ca. 200 ml Gemüsebrühe (aus Brühwürfeln oder selbst gemacht (S. 25))
2 Prisen Rosmarin
1 TL Butter
2 TL Öl
Salz, Pfeffer

Deko:
1–2 Frühlingszwiebeln
½ TL Paprikapulver
200 g Schafskäse
4 kleine Tomaten

1 Zuallererst setzt ihr Nudelwasser auf, in dem ihr die Pasta dann al dente kocht (mit Biss, also keine Matschepampe!). Währenddessen wascht ihr das Gemüse, schneidet es klein und bratet es entweder auf dem Grill oder mit etwas Öl in der Pfanne an. Gebt dann 2 Prisen Rosmarin und die geschälten und gepressten Knoblauchzehen hinzu. Wenn das Gemüse richtig schön durch ist, könnt ihr es mit etwas Gemüsebrühe aufgießen, sodass der Boden der Pfanne bedeckt ist (falls ihr das Gemüse gegrillt habt, gebt ihr es anschließend in einen Topf oder eine Pfanne). Die Soße dann auf ganz, ganz kleiner Flamme köcheln lassen.

2 In der Zwischenzeit zerbröselt ihr den Schafskäse mit den Fingern in ein Schälchen. Mischt etwas Paprikapulver und in feine Ringe geschnippelte Frühlingszwiebeln unter. Gut pfeffern und salzen!

3 Gebt nun 1 TL Butter zum Gemüse und schmeckt es ab. Die fertigen Nudeln abgießen, in den Gemüsetopf geben und vorsichtig untermischen. Zum Schluss 4 kleine Tomaten in Scheiben schneiden und zusammen mit dem Schafskäsegemisch über die Nudeln streuen. Und fertig ist ein wahnsinnig leckeres vegetarisches Essen, bei dem ihr alles Gemüse der Welt verbraten könnt!

LACHSNUDELN DE LUXE

Ein schnelles Nudelgericht, an dem kein Fischfan vorbeikommt ...!

4 PORTIONEN

400 g Nudeln
1 Paket Räucherlachs
1 Becher Sahne oder mehr
(wer auf viel Soße steht ...)
2 Stängel frischer Dill
(oder 2 TL getrockneter)
1 Knoblauchzehe
1 Frühlingszwiebel
oder ½ normale Zwiebel
100 g geriebener Parmesan
Salz, Pfeffer

1 Erhitzt die Sahne auf mittlerer Stufe in einem großen Topf. Schält und presst die Knoblauchzehe in die Sahne und legt den Lachs (in ganzen Stücken) hinein. Lasst alles auf ganz kleiner Flamme ziehen, nicht sprudelnd kochen! In der Zwischenzeit könnt ihr die Frühlingszwiebel waschen, klein schneiden und in den Topf schmeißen. Nun auch den geriebenen Parmesan und den klein geschnittenen Dill hinzugeben und abschmecken. Während die Lachs-Sahnesoße durchzieht, könnt ihr die Nudeln kochen.

2 Nehmt zum Servieren einen großen Teller oder eine Platte, verteilt zuerst die Soße auf Platte oder Teller und häuft dann die Nudeln darauf – so sieht es einfach mal anders aus. Beim Garnieren sind eurer Phantasie keine Grenzen gesetzt. Wie wär's zum Beispiel mit halbierten oder in kleine Viertel geschnittenen Cocktailtomaten, Paprika oder anderem bunten Gemüse?

Tipp

Ich bin ein absoluter Vollkornnudel-Fan. Aber nicht bei diesem Gericht! Hier müssen es die klassisch hellen Weizennudeln sein. Alles andere wäre eine Sünde.

Tipp

Wer möchte, kann versuchen, die Sahnesoße richtig schön schaumig zu schlagen. Dafür füllt ihr einen Teil der Soße (den Fisch bitte im Topf lassen) in eine Schüssel und gebt dann mit dem Schneebesen Vollgas. Kurz vor dem Servieren löffelt ihr die schaumige Soße über die Basissoße, und schon denken alle, sie säßen im Gourmetrestaurant.

HÜHNCHEN-PAPRIKA-PASTA

Tipp

Die Hühnerbrust circa 2 Minuten pro Seite auf großer Hitze anbraten, dann die Temperatur senken und noch 5–7 Minuten in der Pfanne ziehen lassen. Wenn ihr euch nicht sicher seid, ob es schon durch ist, schneidet das Fleisch an der dicksten Stelle mit einem scharfen Messer an und schaut nach: Huhn ist erst dann gar, wenn es durch und durch weiß ist.

4 PORTIONEN

400 g Nudeln
(z. B. Conchiglie, Muschelnudeln)
2 Hühnerbrüste
200 g Joghurt
1 rote Paprika
1 Zucchini
½ Zitrone
2 EL Ketchup
1 Prise Zucker
Pfeffer, Salz

1 Setzt Wasser für Conchiglie oder andere Lieblingsnudeln auf und kocht sie nach Packungsangabe. Für die Soße die Paprika waschen, die eine Hälfte in kleine Stückchen schneiden und mit dem Joghurt mischen (die andere Paprikahälfte kommt später dran). Eine Prise Zucker, etwas Salz, einen Spritzer Zitronensaft und Ketchup dazu. Dann abschmecken, bis die Soße perfekt ist.

2 Nun die Zucchini in Streifen schneiden und mit etwas Öl in einer Pfanne scharf anbraten. Danach auch die Hühnerbrüste anbraten, salzen, pfeffern und, wenn das Fleisch goldbraun ist, aus der Pfanne nehmen und in hauchdünne Scheiben schneiden. Die andere Hälfte der Paprika ebenfalls in feine Streifen schneiden.

3 Legt zuerst die Nudeln auf die Teller und verteilt dann die gebratene Zucchini und die Hühnerbruststreifen darauf. Jetzt kommen die Paprikastreifen an die Reihe und zum Schluss die Soße drüber ... Lecker, lecker, lecker!

POPEYES NUDELN

... eine Spinat-starke Sache!

4 PORTIONEN

400 g Nudeln
(z. B. Spaghetti oder Spaghettini)
400 g Blattspinat
(frisch oder tiefgefroren)
3 Tomaten
1 Birne
1 Knoblauchzehe
100 ml süße Sahne
150 g Ziegenfrischkäse,
normaler Frischkäse oder Gorgonzola
1 Handvoll Walnüsse
Etwas geriebener Parmesan
(kein Muss, aber sehr lecker!)

1 Als Erstes setzt ihr das Nudelwasser auf. Für die Soße erhitzt ihr etwas Olivenöl in der Pfanne. Den Knoblauch schälen, klein hacken und ab ins Ölbad. Die Birne waschen, vierteln, entkernen und in feine Streifen schneiden. Die Tomaten waschen und klein würfeln. Alles in die Pfanne hauen, etwas salzen, pfeffern und köcheln lassen. Inzwischen die Nudeln ins kochende Wasser geben.

2 Nun den Spinat waschen und in die Pfanne füllen. Keine Panik! Eure Pfanne ist groß genug, denn sobald die grünen Blätter erhitzt werden, fallen sie in sich zusammen. (Wenn ihr keine große Pfanne habt, könnt ihr auch gut einen Topf nehmen.) Mit 100 ml süßer Sahne aufgießen, leicht umrühren und die Soße einmal aufkochen lassen. Dann schnell die Hitze reduzieren, den Ziegenkäse unterrühren, Deckel drauf und ziehen lassen.

3 Sobald sie bissfest sind, könnt ihr die Nudeln abgießen und in eine große Schüssel geben. Dann kommt die leckere Soße über die Nudeln (oder ihr verteilt die einzelnen Portionen direkt auf die Teller). Geriebenen Parmesan und gehackte oder ganze Walnusshälften drüberstreuen ..., und fertig ist Popeyes Lieblingsspeise!

PASTA A LA BRUSCHETTA MIT HÜHNCHEN

Für dieses Gericht würde ich sterben ... Muss ich noch mehr sagen?

> **Tipp**
> Gegrillt schmeckt das Fleisch besonders gut, und so macht es im Sommer auch noch mehr Spaß.

> **Tipp**
> Zum Garnieren sind geriebener Parmesan und frische Kräuter perfekt.

4 PORTIONEN

400 g Nudeln (z. B. Tagliatelle)
200 g Hühnerbrust
Soße à la Bruschetta (S. 81)
(ihr benötigt die doppelte Menge)
Salz, Pfeffer

1 Zunächst bereitet ihr die Bruschettasoße zu und lasst sie gut abgedeckt ziehen. Je nach Geschmack könnt ihr auch Oliven, Kapern oder andere Leckereien in die Soße mischen. Nun in einem großen Topf das Nudelwasser aufsetzen.

2 Erhitzt in einer Pfanne etwas Öl und bratet die Hühnerbrust von beiden Seiten zackig an. Anschließend die Temperatur ganz klein stellen und das Fleisch ca. 9 Minuten garen lassen. In dieser Zeit könnt ihr die Pasta kochen.

3 Das knusprige Hühnchenfleisch mit 2 Gabeln in kleine Stückchen reißen (zerfleddern, nicht schneiden! So sieht es nicht nur besser aus, es schmeckt auch tausend Mal besser). Die fertigen Nudeln abgießen, in eine Schüssel geben und die Soße à la Bruschetta zusammen mit dem Hühnchen obendrauf. Salzen und pfeffern nicht vergessen. Guten Appetit!

NUDELN MIT TOMATENSOSSE UND MINUTENSTEAK

Eine leckere Tomatensoße steht für mich auf gleicher Stufe wie gaaanz langes Ausschlafen oder lautes Singen ... Jaaaaaa, los geht's!

4 PORTIONEN

400 g Nudeln
(z. B. Tagliatelle oder Bavette)
400 g Minutensteak
1 Dose geschälte Tomaten
1 Zwiebel
1 Knoblauchzehe
40 g frische Kräuter (Basilikum, Oregano, Majoran oder Thymian)
50 g schwarze, entkernte Oliven
1 Mozzarella
oder 100 g Parmesan
1 EL Öl
Salz, Pfeffer

1 Damit alles ganz fix geht, könnt ihr schon mal das Nudelwasser aufsetzen. Gebt dann Öl in eine Pfanne und lasst es schön heiß werden. Anschließend die Minutensteaks gerupft (nicht geschnitten) vorsichtig in das heiße Öl legen. (Achtung Spritzgefahr, deshalb bitte nicht schmeißen!) 2–3 Minuten braten und dabei ständig wenden. Legt das Fleisch dann auf einen Teller, bis die Soße fertig ist.

2 Die Zwiebeln und den Knoblauch schälen, klein hacken und in die Pfanne geben. Die Tomaten (eventuell würfeln), Oliven und gehackte Kräuter dazu, salzen und pfeffern und alles 'ne Runde köcheln lassen. Nebenbei könnt ihr die Nudeln ins kochende Wasser schmeißen.

3 Die fertigen Nudeln mischt ihr mit der Soße und dem gebratenen Fleisch. Gebt ein paar Blätter gezupftes Basilikum dazu – das sieht nicht nur gut aus, es schmeckt auch noch so! Nun könnt ihr den Nudelschmaus auf den Tellern verteilen, den Mozzarella in Scheiben schneiden bzw. den Parmesan bröckeln oder reiben und auf den Portionen verteilen, und fertig ist das Träumchen!

SPAGHETTI AHOI!

4 PORTIONEN

400 g Spaghetti
2 Dosen Thunfisch im eigenen Saft
2 Dosen gewürfelte Tomaten (à 200 g)
1 Zwiebel
1 Knoblauchzehe
1 Glas Kapern
Rosmarin (frisch oder getrocknet)
1 TL Zucker
1 Zwiebel
1 EL Öl
Salz

Deko: 1 Frühlingszwiebel oder etwas Petersilie

1 In einem großen Topf Nudelwasser aufsetzen und, sobald es sprudelt, die Nudeln kochen. Währenddessen startet ihr schon mit der Soße: Die Zwiebel schälen, klein schneiden und in einem Topf in etwas Öl andünsten, bis sie glasig ist. Etwas Rosmarin dazugeben, den Thunfisch und die Kapern abtropfen lassen und in die Soße rühren. (Die Kapern geben der Soße ein ganz besonderes Aroma, doch wenn ihr die kleinen Dinger nicht so unbedingt mögt, reicht auch ein halbes Glas.) Jetzt kommen die Dosentomaten, 1 TL Zucker und eine gepresste Knoblauchzehe hinzu. Vorsicht beim Salzen, die Kapern an sich sind schon sehr salzig! Das Ganze lasst ihr dann auf kleinster Flamme ziehen, bis die Nudeln gar sind.

2 Die fertigen Nudeln könnt ihr entweder in der Soße schwenken oder die Soße einfach über den Nudeln verteilen – ganz wie es euch gefällt! Je nach Geschmack Kräuter wie Petersilie oder Frühlingszwiebeln drüberstreuen und servieren. Mmmmh!

Tipp
Etwas geriebener Parmesan on top ist für mich bei allen Nudelgerichten ein absolutes Muss!

SUPER SNACKS

Geht es euch auch manchmal so? Gerade stand noch das Mittagessen auf dem Tisch, und schon klopft der Hunger wieder an ... Für genau diese Momente habe ich leckere Snacks ausklamüsert. Sie sind einfach gemacht und alles andere als langweilig! So könnt ihr euch, wann immer ihr Lust habt, fix eine kleine Zwischenmahlzeit zubereiten.
Viele der Snacks machen sich auch super auf Partys: Knusprige Sandwiches, Gurkenschiffchen, Rosmarinkartoffeln oder Gemüsedips – eure Freunde werden Augen machen!

BENS BRUSCHETTA

4 PORTIONEN

1 Baguette (Baguettes zum Aufbacken eignen sich auch gut, oder Vollkornbrot)
4 große reife Tomaten
½ Zwiebel (wer's scharf mag)
1 Frühlingszwiebel
2 Knoblauchzehen
100 g Parmesankäse
½ Biozitrone
1 Handvoll Kräuter (Rosmarin, Thymian, Majoran)
2 TL süßer Senf
100 ml Olivenöl
Ein paar frische Basilikumblätter
Pfeffer, Salz

1 Uuuund looosssssss ... Die Kräuter waschen und klein hacken, eine halbe geschälte Zwiebel und eine gewaschene Frühlingszwiebel klein schneiden. Die Knoblauchzehen schälen und pressen. Die Tomaten waschen, die grünen Stängelansätze entfernen, dann vierteln und ebenfalls klein schneiden. Das ganze Grünzeug mischt ihr jetzt in einer Schüssel und reibt den Parmesankäse darüber. Dann die Zitrone gut abwaschen, in hauchdünne Scheiben schneiden und unterrühren. Das Wichtigste fehlt noch: ein guter Schuss Olivenöl und etwas süßer Senf. Salzen und pfeffern, abschmecken und abgedeckt im Kühlschrank für 15 bis 20 Minuten ziehen lassen.

2 In der Zwischenzeit 4 Baguettescheiben schräg abschneiden und im Backofen bei 180 Grad goldbraun backen oder einfach toasten. Das geröstete Brot dann aus dem Ofen holen (Vorsicht, heiß!) und ordentlich mit dem Tomatenmix beklatschen. Nun dekoriert ihr die Baguettescheiben noch mit ein paar Basilikumblättern. Diese Häppchen sind einfach unwiderstehlich!

Tipp

Wenn ihr die doppelte Menge Bruschetta zubereitet, habt ihr schon eine Pastasoße für den nächsten Tag. Ihr braucht euch dann nur noch Nudeln zu kochen (egal welche Sorte, circa 100 g pro Person) und die Tomatenmischung kalt unterzurühren. Oder ihr probiert mal die Pasta à la Bruschetta mit Hühnchen (S. 77).

VEGGIE-SANDWICH

1 PORTION

2 Scheiben Brot
1 Möhre
½ Fenchelknolle
Salatgurke
Frischkäse (pur oder mit Kräutern)
1 Ei
Salatblätter
Frische Kräuter, je nach Geschmack
Salz, Pfeffer

1 Die Möhren schälen und mit dem Gemüseschäler in dünne Streifen schneiden. Den Fenchel waschen und die Knolle in hauchdünne Scheiben schneiden. Das geschnittene Gemüse dann mit etwas Öl leicht in der Pfanne anschmoren, salzen und pfeffern. Achtung: wenden nicht vergessen! Genauso gut könnt ihr euer Sandwich auch mit anderem Gemüse belegen, zum Beispiel Zucchini oder Auberginen.

2 Währenddessen beide Brote mit Frischkäse bestreichen und das gedünstete Gemüse auf eine Brothälfte legen. Nun das Ei in der Pfanne braten und während des Bratens das Eigelb zerstechen, damit es schon in der Pfanne zerläuft (und nicht später auf dem Sandwich ...). Das Spiegelei legt ihr jetzt auf das Gemüse, packt klein gehackte Kräuter und ein paar Salatblätter obendrauf, zuklappen, fertig.

Tipp

Benutzt fürs Spiegelei dieselbe Pfanne, die ihr auch fürs Gemüse verwendet habt – so habt ihr weniger Arbeit beim Abwasch.

PFANNEN-SANDWICH

1 PORTION

2 Scheiben Toastbrot
(oder Vollkornbrot)
1 Scheibe Gouda oder Butterkäse
1 Scheibe gekochter Schinken
2 Scheiben Bacon
Frischkäse
2 Eier
1 TL Öl
Gehackte Kräuter
Salz

1 Legt den Bacon in die Pfanne und bratet ihn auf mittlerer Flamme schön knusprig an. Lasst ihn dann auf Küchenkrepp abtropfen. Mit einem weiteren Blatt Küchenkrepp wischt ihr die Pfanne aus (das erkaltete Baconfett verstopft sonst leicht den Abfluss), um sie dann direkt wieder einzuölen. Jetzt haut ihr die zuvor verquirlten und gesalzenen Eier in die Pfanne. Rührt sie schnell um, sodass sie nicht anbrennen! Die Pfanne reibt ihr anschließend wieder mit Küchenkrepp aus. Das Tolle am Küchenpapier-Pfannenputzen ist, dass ihr so nur eine Pfanne dreckig macht.

2 Bestreicht nun die beiden Toastbrote dünn mit Frischkäse. Auf die eine Scheibe legt ihr nacheinander Käse, Schinken, Bacon und die gebratenen Eier. Die zweite Brotscheibe klappt ihr obendrauf. Gebt nun wieder etwas Öl in die Pfanne, legt das Sandwich hinein und bratet es zuerst von der einen, dann von der anderen Seite lecker goldgelb. Kräuterchen drüber ... Mmmmahhhhlzeit!

> **Tipp**
> Schneidet das fertige Pannen-Sandwich diagonal durch – das sieht super aus!

TOAST BENEDICT ⏱45 🧢🧢🧢

Aaaaaaachtung: Hier seid ihr schon fast in der Profiküche angekommen. Dieses Gericht braucht sehr viel Fingerspitzengefühl!

1 PORTION

1 Scheibe Toast
1 Handvoll frischer Babyspinat oder 50–100 g tiefgefrorener Blattspinat
¼ Zwiebel
½ Päckchen Sauce hollandaise
2 Eier
2 EL Essig
Salz

1 Setzt zuerst etwas Wasser in einem Topf auf. (Das braucht ihr später für die Eier.) Nun könnt ihr schon den Spinat waschen bzw. auftauen und die Zwiebel schneiden. Das Brot kommt in den Toaster. Die Zwiebeln in der Pfanne dünsten, dann den Spinat hinzugeben, salzen und pfeffern und auf dem fertigen Toast verteilen. Die Sauce hollandaise erhitzt ihr für 1 Minute in der Mikrowelle oder auf niedriger Stufe in einem kleinen Topf.

2 Nun kommen die Eier an die Reihe: Schlagt sie vorsichtig in ein Schälchen (so, dass das Eigelb nicht kaputtgeht). Und jetzt aufgepasst: Wenn das Wasser siedend heiß ist (kurz bevor es kocht, es darf nicht sprudeln!), gebt ihr einen Schuss Essig dazu. Mit einem Kochlöffel rührt ihr so lange, bis sich ein Strudel bildet. Dann lasst ihr die rohen Eier aus dem Schälchen gaaaaaaaanz vorsichtig in den Strudel gleiten und 2–3 Minuten im Wasser garen, langsam stockt das Eiweiß um das Eigelb herum. Das sieht wirklich verrückt aus!

3 So, jetzt packt ihr die Eier auf den leckeren Toast, eventuell nachsalzen, die warme Soße drüber, und fertig ist der Profi-Eiertoast!

KNUSPRIGER MOZZARELLA-SCHINKEN-TOAST ⏱15

Knusprig, lecker und riecht wahnsinnig gut ...

Tipp
Die Basilikumblätter zuerst aufrollen und dann schneiden, so bekommt ihr schöne Streifen.

1 PORTION

1 Toastbrot
1 Mozzarella
1–2 Scheiben Parma- oder Serrano-Schinken
1 große oder 3 kleine Tomaten
1 EL Frischkäse
1 TL Öl oder Butterschmalz
Ein paar Basilikumblätter
Pfeffer, Salz

1 Erhitzt in einer Pfanne etwas Butterschmalz oder Pflanzenöl. Wickelt den Mozzarella in 1 oder 2 Schinkenscheiben (den Schinken dafür ganz fest andrücken) und bratet die Schinken-Mozzarella-Kugel dann von allen Seiten schön knusprig. In dieser Zeit die Tomate(n) waschen, würfeln, pfeffern und salzen.

2 Nun das Brot toasten und mit etwas Butter oder Frischkäse bestreichen. Das frische Basilikum waschen, hacken und auf den Toast streuen (schmeckt auch gut mit anderen Kräutern). Auch die Tomatenwürfel kommen mit aufs Brot.

3 Wenn das Mozzarellapäckchen von allen Seiten goldbraun ist, nehmt ihr es aus der Pfanne, lasst es auf einem Tuch abtropfen und legt es anschließend oben auf die Tomatenwürfel (wer möchte, kann das Käsepäckchen vorher auch halbieren). Passt auf, dass ihr euch dabei nicht die Finger verbrennt, denn der Schinken ist wirklich sauheiß! Und jetzt schnellll essen ... Am besten schmecken die knusprigen Kugeln schön warm.

GURKENSCHIFFCHEN

Gurkenschiffchen gibt's bei mir immer mal zwischendurch oder als besondere Leckerei zum Abendbrot. Gerade im Sommer, wenn es warm ist, sind die Schiffchen echt erfrischend!

2 PORTIONEN

1 ½ **Salatgurken**
120 g **junger Gouda**
(am Stück oder in Scheiben)
100 g **saure Sahne**
3 EL **süße Sahne**
2 TL **Dill** (frisch oder getrocknet)
1 **Knoblauchzehe**
Salz

Deko:
1 kleine Gurke
1 Spritzer Zitrone
Dill

1 Zunächst bastelt ihr aus einer Gurke zwei Schiffchen. Dafür müsst ihr sie schälen und der Länge nach aufschneiden. (Bei Biogurken reicht es aus, die Gurke gut zu waschen.) Mit dem Teelöffel geht's der Gurke jetzt ans Eingemachte: Kratzt bei beiden Hälften die kleinen Kernchen raus.

2 Die bislang unbeschadete halbe Gurke schält ihr (egal ob Bio oder nicht) und schneidet sie in kleine Würfelchen. Jetzt würfelt ihr auch den Käse klein und verrührt ihn in einer Schale mit Salz, saurer und süßer Sahne und Dill zu einer schönen Pampe. Wenn ihr wollt, könnt ihr auch noch Knobi reinpressen. Nun füllt ihr beide Gurkenhälften mit der Käse-Sahne-Gurkenfüllung – und fertig sind die Gurkenschiffchen!

Deko-Tipp

Die kleine Gurke mit einem Gemüseschäler in Streifen schneiden und in einem Schüsselchen mit Zitrone, Pfeffer, Dill und Salz würzen. Anschließend die Gurkenstreifen auf die Gurkenhälften legen und zusätzlich mit Dill verzieren.

DIP DICH GLÜCKLICH! ⏱15 🧢

Schon mal gedippt? Das ist soo lecker, dass ihr die Chips getrost in den Regalen lassen könnt. Kapert besser die Gemüseabteilung! Wie wär's mit Chicorée, Staudensellerie, Möhren oder einer Salatgurke …?

DIP

1 Becher Joghurt
Saft einer halben Orange oder einer Mandarine
1 Spritzer Zitronensaft
1 TL Zucker oder Agavendicksaft
4 (oder mehr) kräftige Spritzer Tomatenketchup
1 EL Olivenöl
1 Knoblauchzehe (gepresst)
Salz

Das Gemüse gründlich waschen und in appetitliche, etwa 10 cm lange Streifen schneiden. Besonders schick sieht es aus, wenn ihr die Gemüsestreifen in ein Wasserglas stellt. Die Soßenzutaten verrührt ihr in einem Schüsselchen und serviert die Soße dann in einem kleinen Kännchen oder einer schönen Schale. So viele Vitamine machen ganz bestimmt glücklich!

> **Tipp**
> Legt die Kartoffeln so richtig schön ordentlich aufs Blech, damit ihr sie gleichmäßig würzen könnt.

ROSMARINKARTOFFELN

Sie toppen die leckersten Pommes und riechen ganz phantastisch nach Rosmarin! Fix zubereitet, machen sich die knusprigen Kartoffeln prima als Beilage oder Partysnack und taugen mit etwas Quark und 'nem kleinen Salat sogar als Hauptgang.

1 BLECH

12 mittelgroße Biokartoffeln
Frische Rosmarinzweige
Olivenöl
Meersalz
(normales Salz tut's auch)

Den Ofen auf 200 Grad vorheizen. Die Kartoffeln unter fließendem Wasser gut schrubben und dann halbieren (wenn ihr Biokartoffeln nehmt, spart ihr euch das Schälen). Jetzt legt ihr ein Blech mit Backpapier aus und verteilt die Kartoffeln mit der Schnittfläche nach oben gleichmäßig darauf. Würzt sie mit Meersalz und schmückt jede Hälfte mit ein paar Rosmarinnadeln. Zum Schluss träufelt ihr etwas Öl über die Kartoffeln und ab in den Ofen damit. Hier bleiben die leckeren Knollen für etwa 25 Minuten. Nun ganz schnell heiß und lecker verspeisen!

KRÄUTERBRATKARTOFFELN

Bratkartoffeln sind eine Kunst für sich. Mit etwas Geduld werden die knusprigen Dinger die beste Beilage der Welt!

> **Tipp**
> Richtig leckere Bratkartoffeln brauchen mehr Zeit, als man denkt. Also lasst sie ruhig ein bisschen in der Pfanne schmoren.

2 PORTIONEN

400 g Biokartoffeln
(wer keine Lust hat, zu wiegen:
etwa 4–5 mittelgroße Kartoffeln)
75 g Speck
1 Zwiebel oder Schalotte
1 Knoblauchzehe
Frische Kräuter
(je nach Geschmack)
Olivenöl
Salz, Pfeffer

1 Die Kartoffeln in Salzwasser kochen und abkühlen lassen. Mittelgroße Kartoffeln brauchen je nach Sorte circa 20–30 Minuten, bis sie passend gar sind. Indem ihr mit der Spitze eines kleinen Schälmessers in die Kartoffeln piekst, könnt ihr testen, ob sie schon weich sind. Oder ihr nehmt einfach gekochte Kartoffeln vom Vortag. Die garen Biokartoffeln braucht ihr nicht zu schälen, sondern könnt sie direkt in grobe Stücke, Scheiben oder Viertel schneiden. Dann die Zwiebel und die Knoblauchzehe schälen und ganz klein würfeln.

2 Einen Schuss Öl in die Pfanne gießen und nun Speck (oder stattdessen Paprikawürfel), Zwiebeln und Knoblauch goldig anbraten. Dann gebt ihr den Pfanneninhalt auf einen Teller, sonst verbrennt der Speck, bevor die Kartoffeln knusprig sind.

3 Jetzt kommen die Kartoffelstücke mit etwas Öl in die Pfanne. Wichtig: Damit sie nicht matschig werden, solltet ihr die Kartoffeln nicht zu oft wenden. Wenn die Kartoffeln von allen Seiten goldbraun sind, könnt ihr auch die Zwiebeln und den Speck (oder die Paprikastückchen) wieder in die Pfanne geben. Nach Geschmack salzen und pfeffern, ein paar klein gehackte Kräuter drübergeben, und fertig ist der leckere Kartoffelsnack!

> **Tipp**
> Wer keinen Speck mag, nimmt Paprikastreifen.

VITAMINBOMBE SÜSSKARTOFFEL

Obwohl sie supergesund ist, wird sie leicht übergangen. Und auch ihr seid im Supermarkt bestimmt schon dran vorbeigelaufen: an der guten alten Süßkartoffel. Ein Gemüse, das wirklich lecker schmeckt und genauso leicht zu kochen ist wie die normale Kartoffel. Lust, die verkannte Knolle mal zu testen?

> **Tipp**
> Wenn ihr euer Essen rot färben wollt, ist Rote-Bete-Saft der Knaller!

2 PORTIONEN

500 g Süßkartoffeln
300 g Rote Bete (gekocht)
100 g Schafskäse
1 kleine Zwiebel oder 1 Schalotte
Etwas Gemüsebrühe
(aus Brühwürfeln
oder selbst gemacht (S. 25))
1 EL Öl

1 Die Süßkartoffeln schälen, zuerst halbieren und dann in Scheiben schneiden. Etwas Öl in einer Pfanne erhitzen. Die Kartoffelstückchen in die Pfanne legen und bei mittlerer Hitze erst von der einen und dann von der anderen Seite knusprig anbraten. Die Zwiebel schälen, würfeln und ebenfalls in die Pfanne streuen. Inzwischen die gekochten Rote-Bete-Knollen würfeln und, sobald die Süßkartoffeln rundherum braun sind, ebenfalls in die Pfanne geben. 50 ml Gemüsebrühe dazugießen und nach Geschmack salzen und pfeffern.

2 Die bunte Mischung ohne Deckel so lange auf der kleinsten Flamme köcheln lassen, bis die Flüssigkeit komplett verschwunden ist, dabei ab und zu umrühren. Zum Schluss könnt ihr den Schafskäse mit den Fingern zerbröseln und drüberstreuen. Und jetzt gespannt probieren!

PFANNKUCHENSUPPE MIT MINIBOULETTEN

Tipp

Wenn es bei euch das nächste Mal Suppe gibt, füllt einfach etwas heiße Brühe in einem leeren Marmeladenglas ab. Der Deckel verschließt sich durch die Hitze so fest, dass die Brühe im Kühlschrank mindestens 2 Wochen haltbar ist.

4 PORTIONEN

2 Pfannkuchen (S. 24)
(ggf. gehackte Petersilie in den Teig einrühren)
250 Hackfleisch
1 TL Tomatenmark
1 l Gemüse- oder Fleischbrühe
(aus Brühwürfeln oder selbst gemacht (S. 25))

1 Zuerst bereitet ihr die Pfannkuchen zu und lasst sie abkühlen. Dann könnt ihr sie aufrollen und in dünne Streifen schneiden.

2 Jetzt geht's an die Bouletten: Das Hackfleisch leicht salzen. Wer will, kann zusätzlich 1 TL Tomatenmark dazugeben und alles schön durchkneten. Formt nun kleine hübsche Klößchen.

3 Erhitzt in einem Topf die Gemüsebrühe. Wer will, kann Gemüse jeder Art hinzufügen. Mais schmeckt zum Beispiel richtig lecker. Gebt dann vorsichtig die Fleischklößchen in die Brühe und lasst sie ziehen, bis sie ganz gar sind. Zum Schluss kommen die Pfannkuchenstreifen dazu. Lecker, lecker, lecker!

RADIESCHEN-PFANNKUCHEN MIT KRÄUTERQUARK

Pfannkuchen müssen nicht immer süß sein. Probiert sie doch mal salzig, es lohnt sich ganz bestimmt!

4 PORTIONEN

4 Pfannkuchen (S. 24)
Füllung:
2 Tomaten
8 Radieschen
Kräuterquark
Salatblätter
Schnittlauch (frisch oder tiefgefroren)

Bereitet die Pfannkuchen zu und legt sie zunächst auf einen Teller. Wascht die Tomaten und Radieschen und schneidet sie in Scheiben. Bestreicht die Pfannkuchen dann mit Kräuterquark und verteilt die leckeren Gemüsescheiben darauf. Zum Schluss zusammenrollen und mit klein geschnittenem Schnittlauch und Salatblättern appetitlich garnieren.

Tipp
Wenn ihr mal wieder Pfannkuchen backt, macht doch einfach ein paar mehr für den nächsten Tag!

OFENFENCHEL

2 PORTIONEN

2 Fenchelknollen
1 Ei
50–60 g Reibekäse
100 ml süße Sahne
Salz, Pfeffer

1 Heizt den Ofen auf 180 Grad vor. Die Fenchelknollen waschen und klein schneiden. Eine kleine Auflaufform buttern und den Fenchel hineinfüllen. Jetzt verrührt ihr die Sahne und das Ei mit etwas Salz und Pfeffer in einem Schälchen und gießt die Mischung über den Fenchel. Den Reibekäse streut ihr obendrauf. Wenn ihr Lust habt, könnt ihr auch noch Fenchelsamen dazutun. Nun ab in den Ofen, auf mittlerer Schiene 20 bis 30 Minuten goldig backen.

2 Wie wär's mit 'nem Stückchen Baguette dazu? Wenn ihr möchtet, könnt ihr noch ½ Baguette längs aufschneiden, 2–3 Minuten in der Pfanne mit etwas Öl anrösten und zum Gemüse servieren. Damit lässt sich die leckere Soße super auftunken (und ihr spart euch fast den Abwasch!). Oder ihr macht euch dazu superleckere Rosmarinkartoffeln (S. 89).

Tipp

Ihr könnt ganz unterschiedliches Gemüse dafür nehmen, zum Beispiel Möhren, Lauch oder Zucchini – eben alles, was ihr gerne mögt.

HERZHAFT!

Jetzt geht's los: Für sich allein zu kochen macht zwar Spaß und auch satt, aber am tollsten ist es doch, wenn man in einer großen Runde durch ganz viele „Mmhs" und „Yammis" für seinen Einsatz belohnt wird. Also: Wie wäre es mit einem lustigen Kochabend unter Freunden? Oder einem Candle-Light-Dinner zu zweit? Oder ihr überrascht eure Eltern mit einem kleinen Festmahl … Ob Kartoffelgratin-Törtchen, Kürbissuppe oder herzhaft gefülltes Pizzabrot – mit diesen Rezepten könnt ihr punkten!

PFANNKUCHENTORTE

Das perfekte Rezept für alle Hochstapler!

> **Tipp**
> Vor dem Servieren könnt ihr den Rand der Torte mit frischen Basilikumblättern verzieren.

1 TORTE

8 Pfannkuchen (S. 24)
Bolognesesoße (S. 70)
Ca. 150 g geriebener Mozzarella
Deko: Basilikumblätter

1 Bereitet als Erstes die Bolognesesoße zu. Für die Torte darf sie nicht zu flüssig werden, also fügt nur wenig Brühe hinzu. Dann backt ihr die Pfannkuchen und stapelt sie auf einen Teller.

2 Nun nehmt ihr einen besonders großen, feuerfesten Teller. Legt einen Pfannkuchen darauf und bestreicht ihn schön gleichmäßig mit etwa 2 EL der Bolognesesoße – gleichmäßig ist wichtig, damit die Torte nachher nicht schief wird. Jetzt etwas Mozzarella darüberstreuen, dann wieder einen Pfannkuchen obendrauf schichten und mit Tomatensoße beschmieren. So geht's immer weiter, bis auch der letzte Pfannkuchen glatt obenauf liegt. Nun noch den Rest der Soße darübergießen, etwas Käse zum Abschluss und ab in den Ofen. Die heiße Torte braucht nur 15 Minuten bei 180 Grad.

> **Tipp**
> Die Pfannkuchentorte ist ein perfektes Partygericht, weil ihr sie am Vortag in einer Springform backofenfertig vorbereiten könnt. So schmeckt die Torte sogar noch besser, weil die Soße gut durchgezogen ist.

PIZZABROT LITTLE ITALY

Bye-bye, Pizza, hier kommt Little Italy! Egal ob zum Frühstück, Mittagessen, Abendessen oder beim Picknicken, ob ofenwarm oder kalt – dieses Pizzabrot schmeckt einfach immer wunderbar, und ihr könnt alles reinbacken, worauf ihr Lust habt!

1 GEFÜLLTES BROT

Hefeteig (S. 22)

Für die Füllung:
6 Eier
1 Paket Parma- oder Serrano-Schinken
1 Topf (oder 2 Bund) frisches Basilikum
150 g geriebener Parmesankäse
150 g geriebener Mozzarella
Getrocknete Tomaten
oder 3 große frische Tomaten
Oliven (entsteint)
Jede Menge Gemüse: Paprika, Zucchini, Champignons ...
Etwas gehackter Rosmarin
1–2 EL Olivenöl

1 Als Erstes bereitet ihr einen fluffigen Hefeteig zu. Den Backofen heizt ihr auf 200 Grad vor. Das Backblech schon mal mit Backpapier auslegen. Die Eier hart kochen, dann abkühlen lassen und pellen.

2 Streut etwas Mehl auf eure Arbeitsfläche und rollt den Hefeteig rechteckig aus, etwa so breit wie ein Backblech. Wenn der Teig circa 3 mm dick ist, bestäubt ihr ihn kräftig mit Mehl und faltet ihn wie ein Handtuch zusammen. So legt ihr ihn aufs Backblech und faltet ihn dort wieder auseinander.

3 Damit euer Brot vor lauter Füllung nicht durchmatscht, wird der Teig nun eingeölt – entweder mit sauberen Pfoten oder 'nem Backpinsel. Jetzt könnt ihr die Schinkenscheiben darauf verteilen. Dann kommt der Käse dran: Streut Mozzarella und Parmesan auf den Teig, und dann ein paar Basilikumblätter hinterher. (Dabei ja nicht sparsam sein! Am besten erntet ihr das gesamte Basilikumpflänzchen ab.) Tomaten- und Zucchinischeiben, Paprikastreifen, Olivenstückchen oder was ihr sonst so zum Fressen gern habt, packt ihr jetzt großzügig obendrauf. (Mit Aubergine funktioniert's leider nicht, sie wird im Brot nicht richtig gar.) Salzen ist gar nicht nötig – Schinken und Parmesankäse sind schon salzig genug. Dafür ist ein bisschen frisch gemahlener Pfeffer ein Muss! Falls ihr Balsamico-Reduktion habt, könnt ihr davon auch noch etwas drüberspritzen. Das schmeckt absolut lecker!
Zum Schluss verteilt ihr die gepellten Eier scheibchenweise auf der Füllung. Puh, das wäre schon mal geschafft.

Tipp
Ist noch Teig übrig, könnt ihr einfach kleine Brötchen daraus formen.

Tipp
Legt beim Backen ein paar Zweigchen Rosmarin oder Thymian aufs Brot. So wird es schön würzig.

> **Tipp**
> Nehmt luftgetrocknete Tomaten (nicht die in Öl eingelegten), die sind nicht so fettig.

4 Jetzt könnt ihr den rechten und linken Teigrand einklappen und das Brot mithilfe des Backpapiers samt Füllung aufrollen. Damit es besonders knusprig wird, trennt ihr ein Ei, verrührt das Eigelb in einer Tasse und streicht euer Brot damit ein. So bleibt auch der gehackte Rosmarin darauf kleben. Fertig! Ab in den Ofen damit und bei 200 Grad 60 Minuten backen.

FISCHSTÄBCHEN MIT GURKENDIP

4 PORTIONEN

Etwa 20 Fischstäbchen
300 g Reis
(Basmatireis schmeckt mir dazu am besten)
2 Salatgurken
250 g Joghurt
1 Knoblauchzehe
1 Zitrone
2 EL Öl
Ein kleiner Schuss süße Sahne
2 TL Dill (frisch oder getrocknet)
1 TL Zucker oder Agavendicksaft
Salz, Pfeffer

1 Zuerst kocht ihr den Reis. Dafür gebt ihr Wasser und Reis im Verhältnis 2:1 und eine Prise Salz in einen Topf (zum Beispiel 2 Tassen Wasser und eine Tasse Reis). Nun den Deckel drauf und auf mittlerer Stufe erhitzen. Sobald das Wasser zu kochen anfängt, nehmt ihr den Deckel ab und dreht die Hitze runter. Nach circa 20 Minuten ist der Reis gar und das Wasser verkocht.

2 Zwischendurch könnt ihr die Fischstäbchen auf einem mit Backpapier ausgelegten Blech verteilen und im Ofen nach Packungsangabe backen. Für die Soße schält ihr die Gurken und raspelt sie grob in eine Schüssel. Die Zitrone auspressen. Den Zitronensaft, 1 TL Zucker, Salz, die gepresste Knoblauchzehe, Joghurt, einen Schuss süße Sahne, Öl und Dill mit der geraspelten Gurke mischen und ziehen lassen.

3 Zum Schluss den fertigen Reis auf die Teller verteilen, die Soße darüber- oder danebengeben und die Fischstäbchen auf dem Reis dekorieren. Kurz vor dem Servieren noch mal nachwürzen! Mmmhhh!

Tipp

Wenn ihr den Reis besonders schön servieren wollt, spült eine Kaffeetasse mit Wasser aus, füllt sie mit dem garen Reis, drückt ihn ganz fest in die Tasse und stürzt die Reiskugel auf den Teller.

BENS LIEBLINGSEINTOPF

Ein Eintopf ist eine tolle Sache, um euren Kühlschrank einmal so richtig auszumisten. Und noch dazu geht er sooo einfach! Nehmt eine Ofenform und füllt sie mit all dem, was euer Gemüsefach so Leckeres hergibt.

X-BELIEBIG VIELE PORTIONEN

Kartoffeln
Lauch
Staudensellerie
Zucchini
Möhren
Paprika
... oder ganz anderes Gemüse
Etwa 1 Tasse Gemüsebrühe
(aus Brühwürfeln
oder selbst gemacht (S. 25))
1 Dose gewürfelte Tomaten
150 g Reibekäse
2 Löffel Crème fraîche

1 Das Gemüse zuerst waschen, schälen und klein schneiden. Danach in die Auflaufform geben, salzen und alles noch mal schön durchmischen. Klar könnt ihr auch Kräuterreste dazumischen. Eintopf ist wie Resteküche in Superlecker!

2 Jetzt heizt ihr den Backofen auf 200 Grad vor. Löst in einer Tasse je nach Gemüsemenge einen oder mehrere Gemüsebrühwürfel in heißem Wasser auf. (Es sei denn, ihr habt noch selbst gemachte Brühe auf Vorrat.) Gießt die Brühe über das Gemüse und verteilt dann die Dosentomaten darauf, und zwar so viele, bis die Form bis oben hin voll ist.

3 Wer will, kann Reibekäse drüberstreuen, am besten schmeckt Pizzakäse. Jetzt alles für 20–30 Minuten in den Backofen. Zum Schluss 2 Löffel Crème fraîche obendrauf, und fertig ist der heiße Schmaus (und euer Kühlschrank wie leer geputzt)!

Tipp

Wenn ihr besonders groß rauskommen wollt, schneidet ein Stück gefrorenen Blätterteig zurecht und deckt euren Eintopf damit zu, bevor er in den Ofen kommt. Zur Krönung gebt ihr nach dem Backen noch einen Klecks Crème fraîche obendrauf.

KÜRBISSUPPEN-KNALLER

Wer kennt sie nicht, diese leuchtend roten Dinger, die einen immer wieder an die ausgehöhlten Fratzen zu Halloween erinnern? Diese Rüben haben eine echte Karriere hingelegt, sag ich euch. Und das mit Recht, denn sie sind wahnsinnig lecker! Mein Favorit ist die quietschorange Kürbissuppe.

4 PORTIONEN

¾ Hokkaido-Kürbis (etwa 1,2 kg)
3 mittelgroße Möhren
2 Knoblauchzehen
Etwas Gemüsebrühe (aus Brühwürfeln oder selbst gemacht (S. 25))
½ Tasse Crème fraîche oder süße Sahne
Salz

Suppeneinlage:
¼ Hokkaido-Kürbis (etwa 400 g)
Kürbiskerne
2 Tomaten
1 Knoblauchzehe
Salz

1 Den Kürbis gründlich unter fließendem Wasser abschrubben und dann in 4 etwa gleich große Teile schneiden. Kürbisse sind ziemlich schwer zu durchteilen, vielleicht muss euch jemand dabei helfen. Habt ihr ihn „geknackt", könnt ihr mit einem Esslöffel die Kerne samt dem weichen Kürbisfleisch aushöhlen.

2 Ein Viertel des Kürbisses legt ihr erst mal zur Seite. Nun schneidet ihr die restlichen drei Viertel in mittelgroße Stücke und schmeißt sie in den Suppentopf. Jetzt kommen die Möhren dazu: zuerst schälen, dann ebenso in grobe Stücke schneiden und ab in den Topf damit. Gießt so viel Wasser nach, bis die Kürbis- und Möhrenstücke bedeckt sind. Gebt die Gemüsebrühwürfel, den Knoblauch und etwas Salz hinzu und bringt alles zum Kochen. (Falls ihr selbst gemachte Gemüsebrühe habt, füllt statt Wasser einfach Brühe nach und verzichtet auf die Brühwürfel.) Wenn die Suppe brodelt, könnt ihr die Flamme etwas kleiner stellen und das Ganze etwa 20 Minuten köcheln lassen. Ist die Schale ganz weich gekocht (zum Testen pikst ihr einmal mit dem Messer rein), zieht ihr den Topf von der Flamme und zermalmt den Kürbis mit dem Pürierstab. Erinnert das Ganze zu sehr an Pudding, gebt einfach noch etwas Gemüsebrühe dazu. Nun etwas Sahne oder Crème fraîche hinzufügen und je nach Geschmack nachwürzen. Wer keine Angst vor Schärfe hat, kann ein bisschen Chilipulver hineinstreuen. Die Suppe lasst ihr jetzt auf der abgeschalteten Herdplatte stehen, bis die Einlage fertig ist.

3 Die Suppeneinlage macht ihr so: Heizt den Ofen auf 180 Grad vor. Das übrig gebliebene Kürbisviertel in circa 1 cm dicke Streifen schneiden, die Tomaten vierteln und den Knoblauch schälen und hacken. Das Gemüse bunt gemischt auf einem mit Backpapier ausgelegten Backblech verteilen. Ein bisschen Olivenöl drüber, etwas salzen und das Ganze für etwa 15 Minuten auf der mittleren Schiene im Backofen garen lassen. Währenddessen röstet ihr in einer Pfanne eine Handvoll Kürbiskerne (ohne Fett).

4 Zum Servieren füllt ihr die Suppe in Suppenteller oder -schüsseln und dekoriert die Kürbisstreifen, Tomatenstückchen und kross gerösteten Kürbiskerne darüber. Wow, das sind knallige Farben!

Tipp

Aus den Kernen im Kürbisinneren könnt ihr kleine Knabbersnacks machen. Dafür müsst ihr sie aus dem schwabbeligen Fruchtfleisch lösen, abwaschen und auf einem mit Backpapier belegten Ofenblech verteilen. Nun noch etwas salzen und schwups! in den Ofen und bei 50 Grad etwa 4 Stunden trocknen. Oder ihr legt sie einfach auf etwas Backpapier für circa zwei Tage auf die Heizung.

Tipp
Lecker sind auch Wiener Würstchen in der Suppe.

MUDDIS KARTOFFELSUPPE

Ach, Mama, allein für dieses Rezept liebe ich dich furchtbar dolle! Also, vertraut meiner Mutter und genießt dieses verdammt leckere Süppchen!

> **Tipp**
> Wenn sie etwas länger steht, wird Kartoffelsuppe fest wie Pudding. Gebt dann einfach noch ein bisschen Gemüsebrühe an die Suppe, bis sie so flüssig ist, wie ihr sie am liebsten mögt.

4 PORTIONEN

500 g Kartoffeln, mehlig kochend
1 Möhre
1 Stange Lauch
1 Zwiebel
100 g Butter
500 ml Milch
375 ml Gemüsebrühe (aus Brühwürfeln oder selbst gemacht (S. 25))
2–3 EL mittelscharfer Senf
Salz, Pfeffer

1 Die Kartoffeln und Möhren waschen, schälen und in kleine Würfel schneiden. Auch die Zwiebel schälen und hacken. Den Lauch halbieren, unter fließendem Wasser gut abwaschen und in schmale Streifen schneiden. Die Butter in einem hohen Topf zerlassen, das geschnippelte Gemüse in den Topf geben und 5 Minuten dünsten. Nun die Gemüsebrühwürfel in heißem Wasser auflösen und mit der Milch zum Gemüse gießen. (Noch besser: Ihr gießt selbst gemachte Brühe hinzu.) Die Suppe könnt ihr jetzt bei mittlerer Hitze circa 40 Minuten auf kleiner Flamme kochen.

2 Jetzt nehmt ihr den Kartoffelstampfer und drückt alles klein. Zum Schluss kommt der Pürierstab zum Einsatz: Die Suppe wird ganz fein püriert und dann mit Senf, Salz und Pfeffer abgeschmeckt. Mahlzeit!

KARTOFFELBREITALER MIT TOMATENSALAT

Wenn ich Kartoffelbrei übrig habe, weiß ich immer schon ganz genau, was ich am nächsten Tag Leckeres damit anstelle ... Richtig, Kartoffeltaler braten! Ohhhhh, ich bekomme Hunger!

2 PORTIONEN

Kartoffeltaler:
Kartoffelbrei (S. 26)
Paniermehl
Öl

Tomatensalat:
4 kleine oder 2 große Tomaten
½ Zwiebel
2 TL geriebener Parmesan
1 TL Sahnemeerrettich
Basilikumblätter
Evtl. geräucherter Lachs
Pfeffer, Salz

1 Zuerst bereitet ihr das Kartoffelpüree (ohne Sellerie) zu und lasst es dann kalt werden. (Oder ihr holt einfach den Brei von gestern aus dem Kühlschrank.) Nun den Boden eines tiefen Tellers mit Paniermehl bedecken. Ölt euch die Hände ein, formt mit euren Schmierfingern herrliche Taler und wendet sie gaaaanz vorsichtig im Paniermehl.

2 Erhitzt etwas Öl in einer Pfanne und legt die Taler behutsam hinein. Die Flamme dann auf mittlere Hitze zurückstellen. Spickt ab und zu unter die Taler und wendet sie, sodass sie nicht anbrennen. Besonders gut funktioniert das in einer beschichteten Pfanne.

3 Während die Taler vor sich hin brutzeln, bereitet ihr schon mal den Tomatensalat vor. Dafür wascht ihr die Tomaten, schneidet sie in kleine Würfel und gebt sie in eine Schüssel. Achtet dabei darauf, den grünen Strunk rauszuschneiden. Darin ist Blausäure, die giftig ist. (Keine Panik, nur in großen Mengen ist sie wirklich gefährlich.) Jetzt schneidet ihr die Zwiebel in ganz feine Streifen und gebt sie zu den Tomaten. Mischt dann auch den Parmesan, den Sahnemeerrettich, etwas Salz und Pfeffer dazu. Zum Schluss die Basilikumblätter vorsichtig waschen, klein schneiden und über den Tomatensalat streuen.

4 Die knusprigen Kartoffeltaler richtet ihr auf 2 Tellern an und gebt den Tomatensalat darauf oder daneben. Ein echt gesunder Leckerbissen!

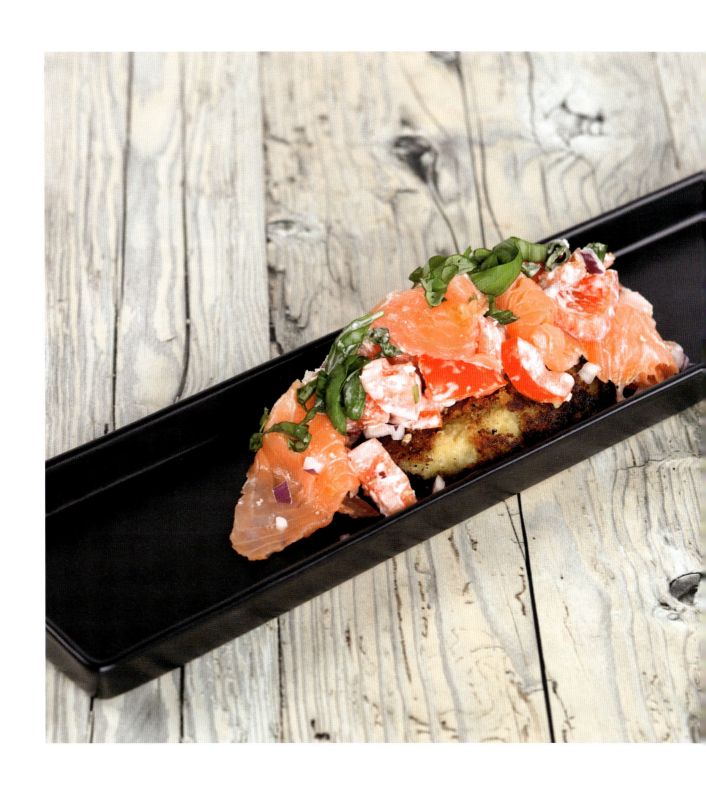

Tipp

Ganz besonders fein wird der Tomatensalat mit in Streifen geschnittenem Räucherlachs (½ Packung aus dem Kühlfach).

KARTOFFELGRATIN

Darf ich mal mit einem Vorurteil aufräumen? Gratins sind gar nicht so kompliziert, wie alle meinen! Denn eigentlich kochen sie sich quasi von alleine. Das Einzige, was auf keinen Fall fehlen darf, ist eine leckere Käseschicht on top. Also traut euch, mal was anderes als eine Tiefkühlpizza in den Ofen zu schieben!

2 PORTIONEN

400 g Kartoffeln (etwa 6 Stück)
100 g Spinat, frisch oder tiefgefroren
100 ml süße Sahne
1 Ei
2 Messerspitzen Muskat
100 g Reibekäse
Salz, Pfeffer

1. Einen Topf Wasser aufsetzen, die Kartoffeln waschen und ins kochende Wasser schmeißen. Wenn sie nach circa 20 Minuten gar sind, schreckt ihr die Knollen mit kaltem Wasser ab, pellt sie und schneidet sie in dünne Scheiben. Oder vielleicht habt ihr ja auch noch Kartoffeln vom Vortag übrig? Dann könnt ihr euch den ersten Schritt sparen.

2. Heizt den Ofen auf 200 Grad vor. Nehmt eine kleine Kuchen- oder Auflaufform und ölt sie ein. Jetzt packt ihr eine Kartoffelschicht in die Schale, als Nächstes eine Schicht frischen oder gefrorenen Blattspinat, dann wieder Kartoffeln, danach wieder Spinat und immer so weiter, bis die Form voll ist.

3. Für die Soße verrührt ihr die Sahne, ein aufgeschlagenes Ei, zwei Messerspitzen Muskat, etwas Salz und Pfeffer in einem Schüsselchen. Den Sahnemix dann über die Kartoffeln gießen. Zum Schluss streut ihr den Reibekäse obendrauf, verziert das Ganze mit einem Thymian- oder Rosmarinzweig (falls ihr gerade einen dahabt) und ab in den Ofen damit. Nach 25–30 Minuten auf der mittleren Schiene ist der Leckerbissen fertig!

Tipp

Den Rand der Form könnt ihr mit Basilikumblättern oder Lauchringen auslegen, das schmeckt lecker und sieht vor allem genial aus!

Tipp

Auch hier gilt, Spinat ist nur eine von vielen Varianten. Das gleiche Gericht ist auch mit Lauch, Mangold, Möhren, Roter Bete usw. unglaublich lecker! Probiert es aus!

ROSMARINKARTOFFELN MIT WÜRSTCHEN UND LAUCHGEMÜSE

2 PORTIONEN

Rosmarinkartoffeln (S.89)
2 frische, grobe Bratwürstchen
1 große Stange Lauch oder zwei kleine
1 Brühwürfel
100 ml süße Sahne
2 EL süßer Senf
Öl
Salz, Pfeffer

1 Erhitzt etwa 100 ml Wasser in einer Pfanne und löst einen Brühwürfel darin auf. In der Zwischenzeit köpft ihr die Lauchstangen, entfernt die äußeren Blätter und wascht sie gründlich, denn Lauch kann sehr sandig sein! Die saubere Stange schneidet ihr in feine Ringe und lasst sie dann in der Brühe auf kleiner Flamme etwa 5 Minuten garen.

2 In einer weiteren Pfanne bratet ihr in etwas Öl die Würstchen an. Wenn sie fertig sind, nehmt ihr sie kurz aus der Pfanne. Gießt nun die Sahne in das heiße Würstchenfett, rührt den süßen Senf unter und lasst die Soße einmal kurz aufkochen. Dann schmeißt ihr die Würstchen in das Sahnebad und schmeckt die Soße mit etwas Salz und Pfeffer ab. Die Herdplatte könnt ihr schon ausschalten.

3 Nehmt 2 Teller, dekoriert in die Mitte das Lauchgemüse und verteilt die Kartoffeln drum herum. Zu guter Letzt drückt ihr in die Mitte des Gemüses eine kleine Kuhle und gießt etwas Sahnesoße hinein. Die Würstchen einmal durchschneiden und obendrauf legen. Ganz schön lecker!!

KARTOFFEL-FENCHEL-SCHMAUS

Immer nur genau nach Rezept zu kochen, ist auf Dauer doch langweilig. Probiert mal was Neues! Ich liebe es, Rezepte zu kombinieren und mir nur den Teil auszusuchen und nachzukochen, den ich besonders lecker finde. Hier ein Beispiel:

Bereitet Kartoffelbrei mit Sellerie (S. 26) zu und mischt ihn mit megaknusprigen Bratkartoffeln (S. 91). Und als leckeres Extra bereitet ihr Fenchelgemüse zu.

4 PORTIONEN

2 Fenchelknollen
1 TL Honig
200 ml süße Sahne
(oder 100 ml süße Sahne und 100 ml Gemüsebrühe, aus Brühwürfeln oder selbst gemacht (S. 25))
2 Prisen Fenchelsamen
Öl
Salz, Pfeffer

Die Fenchelknollen waschen und in Stücke schneiden. Etwas Öl in einer Pfanne erhitzen und die Fenchelstücke anbraten. Wenn sie goldbraun sind, 200 ml süße Sahne dazugießen (oder 100 ml Sahne und 100 ml Gemüsebrühe) und mit Salz und Pfeffer würzen. Damit's schön süß wird, könnt ihr noch 1 TL Honig in die aufkochende Sahne mischen. Wer welche vorrätig hat, gibt 2 Messerspitzen Fenchelsamen dazu. Wann die Knollen fertig sind, merkt ihr ganz einfach am Geruch: Eure Küche duftet dann so richtig lecker nach Fenchel!
Uuuund lossssssss geht der Kartoffel-Fenchel-Schmaus!

Tipp

Schön klein geschnitten, eignet sich das Fenchelgrün perfekt als Deko, also gern über das Gericht streuen oder in die Soße mischen.

RUMPSTEAKS MIT KARTOFFEL-ZUCCHINI-PUFFER

2 PORTIONEN

2 Rumpsteaks
1 kleine Zucchini
3 Kartoffeln
2 Eier
1 Handvoll Mehl
Öl
Salz, Pfeffer

Für die Soße:
100 g Crème fraîche
½ Zwiebel
1 Knoblauchzehe

1 Die Kartoffeln schälen, die Zucchini waschen und beides mit einer groben Reibe raspeln. Mischt das geraspelte Gemüse dann mit Mehl, Salz und Eiern. Erhitzt in einer möglichst beschichteten Pfanne etwas Öl, löffelt ein bis zwei Kellen Teig hinein und bratet die Puffer nacheinander auf mittlerer Stufe. Wenden nicht vergessen! Wenn die Puffer schön goldbraun gebacken sind, könnt ihr sie aus der Pfanne fischen und auf einem Backgitter abtropfen lassen.

2 Erhitzt nun ein bisschen Öl in einer Pfanne. Bratet die Rumpsteaks darin von jeder Seite 2 Minuten an und lasst sie dann 10 Minuten bei 100 Grad im Ofen. Währenddessen rührt ihr schon mal eine Soße aus Crème fraîche, einer halben, fein gewürfelten Zwiebel und einer gepressten Knoblauchzehe an.

3 Nun das Fleisch aus dem Ofen holen und einmal in der Mitte durchschneiden. Die Puffer etwa 5 Minuten bei 50 Grad im Ofen aufwärmen und dann auf die Teller verteilen. Auf jeden Puffer etwas von der Soße streichen und darauf ein Stückchen Steak legen. Den Rest der Soße könnt ihr in ein kleines Gefäß geben und dazu servieren. Guten Appetit!

Mmmmhhh, Schokotörtchen, Geburtstagsbrausekuchen, Osterüberraschung ...
Hier finden Schleckermäuler wie ich all den leckeren Süßkram, der so wunderbar
glücklich macht!

SCHOKOBOMBENTRAUM

Stellt euch mal vor: geschmolzene Schokolade, ummantelt von warmem Brot und Nüssen ... Zum Geburtstag, statt Kuchen oder einfach mal als lecker Dessert – das hier ist der oberschokoladige Wahnsinn!

1 SCHOKOBOMBE

Hefeteig (S. 22)

Für die Füllung:
Schokocreme
Gehackte Mandeln
Alle Arten von Nüssen
(ungeröstet, damit sie nicht verbrennen)
2 Bananen
Cranberrys (wer möchte)
Alles, was euer Herz an Schokolade begehrt: Schokobons, Milchriegel, Pralinen, ganze Schokoladentafeln, Schokoladenkekse, Schokocreme ...
Etwas Mehl zum Ausrollen
1 TL Sonnenblumenöl
1 Ei

1 Bereitet einen fluffigen Hefeteig zu. Wenn ihr damit fertig seid, könnt ihr den Ofen auf 180 Grad vorheizen und eure Schokovorräte ins Eisfach legen. Streut nun eine Schicht Mehl auf die Arbeitsfläche. Dann nehmt ihr den Teigkloß und rollt ihn rechteckig etwa 3 mm dick aus. Legt ein Backblech mit Backpapier aus, packt den ausgerollten Teig darauf und pinselt ihn mit Sonnenblumenöl ein, damit er beim Backen nicht durchweicht. Als Nächstes bestreicht ihr ihn mit Schokoladencreme. Achtung, nicht zu dick auftragen, es wartet ja noch jede Menge schokoladige Füllung!

2 Die könnt ihr jetzt aus dem Eisfach holen und auf dem Teig verteilen. Achtet dabei darauf, die Füllung möglichst in der Mitte zu sammeln und oben und unten, rechts und links etwas Teig überlappen zu lassen. Schokostücke, die größer sind als ein Schokoriegel, am besten einmal durchschneiden. Die Bananen schälen, in etwa 10 cm große Stücke schneiden und ebenfalls auf den Teig packen. Auch alle restlichen Zutaten (außer ein paar Nüsschen für obendrauf) dazumischen. Wichtig: Die einzelnen Stücke müssen so klein sein, dass ihr später problemlos einen Kranz formen könnt.

> **Tipp**
> Falls ihr Teigreste habt, könnt ihr daraus Teigbonbons formen, indem ihr kleine Teigstückchen mit Schokolade füllt und sie etwa 15 Minuten backt.

3 Nun schlagt ihr die längere Seite des Teiges über die Schokolade, streicht Schokocreme als Kleber auf den äußeren Rand und klappt die gegenüberliegende Seite des Teiges drüber. An den Enden könnt ihr den Kranz mit dem überstehenden Teig verschließen. Mein heißer Trick: Bereitet gleich ein zweites, mit Backpapier ausgelegtes Blech vor, haltet es von oben auf den Kranz und stürzt die Schokobombe darauf (genauso, wie man Pudding auf 'nen Teller stürzt). So verschwindet die Naht des Kranzes nämlich auf dem Blech. Nun noch ein Eigelb in einer Tasse verrühren und den Kranz damit einschmieren, entweder mit 'nem Pinsel oder einfach mit den Fingern. Zum Eiertrennen zwei Tassen nehmen, das Ei vorsichtig in zwei Hälften zerschlagen und das Eigelb behutsam herauslöffeln. So, noch ein paar Nüsschen drüber und ab in den Ofen: Bei 180 Grad, 40 Minuten lang.

Tipp

Wer kein Nudelholz hat, um den Teig auszurollen, kann genauso gut eine glatte, leere Glasflasche nehmen (vorher gut abwaschen!).

BRAUSEKUCHENHIT

Mit diesem Teig könnt ihr ganz fix einen leckeren Kuchen zaubern und ihn mit Obst oder anderen süßen Leckereien zu eurem persönlichen Backhit verfeinern.

1 KUCHEN
1 Tasse (etwa 175 ml) Sonnenblumenöl
4 Tassen Mehl
1 Tasse Zucker
4 Eier
1 Päckchen Backpulver
1 Päckchen Vanillezucker
1 Tasse Limonade
1 Päckchen Puderzucker
1 ½ Zitronen

1 Die Eier, Zucker und Vanillezucker mit dem Rührgerät schaumig schlagen. Öl und Limonade dazugießen, dann langsam Mehl und Backpulver unterrühren, bis ihr einen schönen Teig habt. Ein Backblech mit Backpapier auslegen, den Teig auf dem Blech verteilen, bei 175 Grad in den nicht vorgeheizten Ofen schieben und etwa 30 Minuten goldbraun backen.

2 Während der Kuchen im Ofen steckt, könnt ihr schon mal den Guss vorbereiten: Dafür presst ihr die Zitronen aus, sammelt den Saft in einem Schälchen, gebt Puderzucker hinein und rührt die Mischung mit einem Schneebesen glatt. Den frisch gebackenen Brausekuchen dann direkt mit dem Guss bestreichen, so bleibt er schön saftig!

Tipp
Verziert den Kuchen nach Lust und Laune, zum Beispiel mit Smarties, Gummibärchen oder Lebensmittelfarbe.

Tipp
Wenn ihr Kirschen oder anderes Obst unterrühren wollt, lasst es gut abtropfen, sonst wird der Kuchen matschig.

BLAUBEERMUFFINS

Wetten, dass ihr in weniger als einer Stunde superleckere selbst gebackene Muffins futtern könnt?
Also direkt loslegen! Ich empfehle übrigens ein kaltes Glas Milch dazu.

ETWA 20 MUFFINS

1 Tasse (etwa 175 ml) Sonnenblumenöl
4 Tassen Mehl
1 Tasse Zucker
4 Eier
1 Päckchen Backpulver
1 Päckchen Vanillezucker
1 Tasse Limonade
150 g Blaubeeren
Hagelzucker
Gehackte Nüsse

1 Den Backofen auf 175 Grad vorheizen. Die Eier, den Zucker und Vanillezucker mit einem Schneebesen schaumig schlagen. Dann das Öl und die Limonade hinzugeben. Im nächsten Schritt mischt ihr das Mehl mit dem Backpulver und rührt es unter die schaumige Masse, bis ein lockerer Teig entsteht.

2 Den Teig füllt ihr dann in die Förmchen (Papier- oder Blechförmchen). Passt dabei auf, dass ihr die einzelnen Förmchen nicht zu voll macht – der Teig geht beim Backen noch auf. Nun die Blaubeeren waschen und in die Teigförmchen drücken. Noch eine schöne Verzierung aus Nüssen und Hagelzucker drauf und ab in den Backofen. Wenn die kleinen Küchlein nach etwa 25 Minuten goldbraun werden, sind sie fertig zum Vernaschen.

SCHOKOLADENTÖRTCHEN

Dass Schokotörtchen immer und überall der Oberhammer sind, erklärt sich von selbst!

ETWA 20 TÖRTCHEN

160 g Kuvertüre (Vollmilch)
160 g Kuvertüre (Zartbitter)
100 g Butter
2 TL Crème fraîche
3 Eier
200 g Zucker, braun
1 Prise Salz
160 g Mehl
3 EL Kakaopulver
80 g Mandeln, gemahlen
½ Päckchen Backpulver
Deko: Hagelzucker, Mandelstifte …

1 Die Kuvertüre grob hacken und mit der gewürfelten Butter in einem Töpfchen bei kleiner Flamme schmelzen. Die Crème fraîche unterrühren und die Schokoladenmasse in einer Schüssel abkühlen lassen. Den Ofen auf 180 Grad Ober- und Unterhitze vorheizen.

2 Die Eier, den Zucker und das Salz mindestens 5 Minuten mit einem Handrührgerät richtig schaumig schlagen. Die noch flüssige, etwas abgekühlte Schokoladenmasse nach und nach unterrühren. Nun Mehl, Mandeln, Backpulver und Kakao mischen und ebenfalls unterrühren.

3 Fettet nun entweder eure Muffin-Backförmchen oder nehmt Förmchen aus Papier. In jedes Förmchen 2 große EL Teig füllen. Obendrauf könnt ihr dann Hagelzucker, Mandelstifte oder andere Verzierungen streuen – fertig! Die Schokotörtchen nun auf mittlerer Schiene im Ofen etwa 20 Minuten backen.

Tipp

Statt Muffinförmchen könnt ihr auch kleine leere Marmeladengläschen nehmen.

BANANEN-SCHOKO-PFANNKUCHEN

Wenn schon süß, dann richtig!

4 PORTIONEN

Pfannkuchen (S. 24)
2 Bananen
Schokocreme
Schokopudding (aus dem Kühlregal)
Schokosauce

Bereitet schön goldige Pfannkuchen zu. Wer es kann oder lernen will, darf die Pfannkuchen zum Wenden in die Luft schleudern. (Aber passt dabei auf, dass sie nicht unter der Decke kleben bleiben!)

Die fertigen Pfannkuchen bestreicht ihr mit Schokocreme. Nun die Bananen in Scheiben schneiden (am besten in Längsscheiben, so lassen sie sich besser einrollen) und auf der Creme verteilen. Zum Schluss schön viel Schokoladenpudding darübergeben, die Pfannkuchen einrollen, zur Verzierung ein paar Spritzer Schokosauce drübergeben und direkt abbeißen – wahnsinnig lecker!!

ERSTE-SAHNE-WAFFELN

Obwohl Waffeln wirklich der Oberhammer sein können, habe ich in meinem Leben schon sooo pappige Dinger gegessen, dass ich mich auf die Suche nach einem wirklich leckeren Rezept gemacht habe. Dieser Teig garantiert euch die fluffigsten Waffeln aller Zeiten!

4 PORTIONEN

125 g Butter
100 g Zucker
3 Eier
125 g Quark (20 % Fettanteil)
125 g Mehl
1 Päckchen Vanillezucker
oder 1 frische Vanilleschote
1 TL Backpulver
1 Becher süße Sahne
Puderzucker
Sauerkirschen aus dem Glas

Die Butter in eine Rührschüssel geben und mit dem Handrührer cremig schlagen. Nach und nach Zucker, Vanillezucker, Eier und Quark dazugeben. Das Mehl mischt ihr jetzt mit dem Backpulver. Wenn ihr es besonders gut machen wollt, siebt ihr Mehl und Backpulver ganz fein in die Schüssel und rührt sie unter die schaumige Masse. Zum Schluss noch die Sahne unterrühren. Schon könnt ihr loslegen und den leckeren Teig im Waffeleisen backen. Die fertigen Waffeln auf einem Backofenrost abkühlen lassen, so bleiben sie schön knusprig. Dann könnt ihr sie mit Puderzucker bestreuen. Oder ihr probiert sie mal mit Sauerkirschen aus dem Glas und Schlagsahne!

SÜSSE ÜBERRASCHUNG

EINE LECKERE ÜBERRASCHUNG

1 Schokonikolaus oder -osterhase
Rote Grütze
(fertig gekauft oder selbst gemacht)
Crushed Kekse (z. B. Butterkekse)
Schlagsahne
Vanillesoße
... und alles, was euch sonst
noch Süßes einfällt

1 Jetzt geht's dem Nikolaus (oder Osterhasen) an den Kragen: Füllt ein schmales, hitzebeständiges Gefäß mit kochend heißem Wasser. Stellt dann für circa 4 Minuten ein langes, scharfes Messer hinein. Mit dem heißen Messer köpft ihr gaaanz vorsichtig den Nikolaus bzw. Osterhasen. Das klingt zwar brutal, aber keine Sorge, später macht ihr die Sache ja wieder gut!

2 Nun füllt ihr den Nikolaus- oder Hasenkörper abwechselnd mit Roter Grütze, crushed Keksen, Vanillesoße, Schlagsahne und allem, was sonst noch lecker schmeckt. Super sind zum Beispiel Smarties! Dann füllt ihr mit einem kleinen Löffelchen oder einer Spritztüte Schlagsahne in den Kopf – und jetzt kommt er auch schon wieder drauf. Erhitzt das Messer dafür nochmals in heißem Wasser, streicht mit der heißen Klinge an beiden Schnittkanten entlang, drückt Kopf und Körper vorsichtig wieder zusammen und verschmelzt die Schokoladennaht.
Was für eine süße Überraschung, wenn ihr euren Gästen oder eurer Familie den präparierten Schokoweihnachtsmann (oder Schokohasen) anbietet ...!

> **Tipp**
> Die Kekse in einen Gefrierbeutel legen, verschließen und mit 'nem Nudelholz draufkloppen – jetzt habt ihr crushed Kekse!

BEN BLÜMEL

Ben ist 1981 in Berlin geboren und studierte Gesang, Tanz und Schauspiel. Seine Karriere als Sänger startete er 2002 mit dem Hit Engel. Hierauf folgten mehrere Alben und Singles, für die er u. a. mit dem Mc Mega Music Award und der Goldenen Stimmgabel ausgezeichnet wurde. Seit 2009 moderiert Ben die Sendung KIKA LIVE auf KIKA (Kinder-Fernsehkanal von ARD und ZDF). 2012 war Ben Mitglied der deutschen Jury für den Eurovision Song Contest in Baku. Darüber hinaus ist er in vielen Formaten regelmäßig im TV zu sehen und gewann als begnadeter Hobbykoch „Das perfekte Promi-Dinner".

BERLIN SOUL FOOD
www.berlinsoulfood.com

Find us on Facebook
facebook.com/Ben.Entertainer

Follow Us On twitter
@Ben_Bluemel

Autogrammwünsche bitte an: Info@wichtel.ag
www.wichtel.ag